「小さくても強い会社」の社長になる！

めざせホワイト企業！

会社のブランド力の高め方

社会保険労務士法人村松事務所
㈱浜松人事コンサルタント　代表
村松貴通 著

まえがき

経営者の皆さま、日々、商品の開発、販路拡大、流通、社員教育、労務管理、資金繰り……さまざまな課題に取り組み、ご苦労されていると存じます。

わたし自身、25歳で社会保険労務士事務所を開設し、30歳からは人事コンサルティング会社も立ち上げ、経営者として18年目を迎えた身ですので、皆さまのお気持ちは十分にわかります。

そんなわたしが、本書では、「小さくても強い会社」の経営者となるための、机上の空論ではない実務、法律知識、思い、知恵をふんだんに、わかりやすくお伝えしてまいります。

本書でいう「小さくても」とは、経営者であるあなたと従業員とを合わせたメンバーがおよそ10人前後から300人くらいの規模を想定しています。数百人、数千人、はては万を数える組織では、部署ごとに専門が明確に分かれ、社長ひとりの実務はしぼられ、思いや考えはなかなか直接には及ばないでしょう。

「強い」とは、大会社のメリットとは裏腹で、小さな会社ならではの機動性、意思統一のやりやすさがあり、喜怒哀楽をいっしょに体験でき、地元に根ざして堅く実績を上げられる、との意です。

わたしは静岡県浜松市で生まれ育ち（父は植木屋）、大学卒業後、地元の信用金庫に入りました。中小企業の経営者や働く方々の仕事への思いや考えをたくさん聞くなど生の現場に接しながら、社会保険労務士試験に挑戦しました。独立したあとは、わたし自身ひとりの経営者として別の立場から経営の現状にぶつかることになります。開業後2年間で飛び込み営業は1万件を超えました。わたしなりの苦心は多々ありましたが、いまでは年間3000件以上の経営相談をこなし、顧問先は個人事業主・ベンチャー企業から上場企業まで300社近く、スタッフ25名ほどの、まずまず「小さくても強い会社」を築けたかと自負しています。

浜松市とその周辺には〝やらまいか精神〟があります。失敗を恐れず、何ごとにもチャレンジしてみよう、叩かれ敗れても再び立ち上がればいいではないか、と考えて行動することです。

スズキ、ヤマハ、河合楽器といった名の通った企業だけではなく、わたしの顧問先の会社、地元経済を支える信用金庫など〝やらまいか精神〟を体現したような例は数多くあります。

本書でお伝えする内容は、社会保険労務士・人事コンサルタントとしてのわたしの知識や思いが基本になりますが、地元・浜松周辺での長年にわたる実績・見聞が反映されています。〝やらまいか精神〟が土台になっているわけですが、地域の特殊性にとどまらず、全国どこでも、また業種にかかわらず、「小さくても強い会社」をめざす経営者の皆さまのお役に立つと信じています。

本書では、まず「成長する会社」に共通する特長・経営の仕方を述べます。

次に、人事制度の明確な構築が業績向上の源であること、さまざまな労務リスクの発見・チェックでトラブル防止と解決を図れることを明らかにします。

そのうえで、さらなる会社のブランド力を高める「ホワイト企業への道」を取り上げます。たんなる発展だけではなく、今後ますます確固とした会社経営をするため、将来にわたって生き残るための課題です。

地元に根ざす信用金庫は、メガバンクなどより身近な金融機関で、「小さくても強い会社」をめざす経営者の皆さまにとっては、信頼関係を築けば、必ずや大切な味方になります。その意味で、本書の最後では「浜松いわた信用金庫」の活動と、地元企業との関わりについて解説します。〝やらまいか精神〟のビジネス上の具体例・効力を紹介するわけです。

先に述べたように、全国それぞれの地域・それぞれの業種・それぞれの事情に当てはめれば、普遍的な内容になるはずです。その点をくみ取ってお読みくださいますよう、お願いいたします。

わたし（小社）の18年間の命がけともいえる体験・実績から得た、経営に関するエッセンスです。1項でも2項でも、皆さまのお役に立てば、本望です。

村松貴通

「小さくても強い会社」の社長になる！　目次

第2章　人事制度こそが業績向上の源だ！

第3章 労務リスクの発見・チェックでトラブル回避！

第4章　めざせホワイト企業！ 会社のブランド力の高め方

第5章 〝やらまいか精神〟〜浜松いわた信用金庫の挑戦

村松貴通の現場リポート

第1章

1万件以上の生現場訪問から見た「成長する会社」の特長

〈まえがき〉で述べたように、わたしは信用金庫で経営の生現場に接したあと、独立後2年間で1万件を超える飛び込み営業を経験しました。その後も、社会保険労務士・人事コンサルタントとして多くの経営者・従業員の方々のご苦労を見聞してきました。そして何より、わたし自身も従業員約25名を雇用して労務管理を実践する経営者です。

その体験・顧問先へのアドバイスや経営課題克服のための仕事の実績から、わたし自身もたくさんのことを学びました。本章では、それらを15項に整理しました。

15項はいずれも根本的に大事な内容ですが便宜的なもので、皆さまのご都合・ご事情によって、また情勢・状況の変化によって、ほかの要素が加わってくるかもしれませんが、「小さくても強い会社」になるための土台です。

基本をまず押さえます。そこから、応用・発展版の項目を皆さまご自身で見つけられると思います。

01 将来にわたり社員の給与体系をオープンにする

組織にとって、また経営にとって重要なのが、「ヒト・モノ・カネ・情報」であるのは、昔も今も変わりません。なかでも、「ヒト（人）」がいちばん大切だと考えるのは、わたしだけではないでしょう。

経営者であるあなたといっしょに力を発揮してくれる従業員がいなければ、会社は成り立ちません。経営者と従業員との信頼関係の基礎に賃金制度があります。面接や採用のさいに、また貢献度や勤務態度など反映したうえでの昇給や賞与支給のさいに、給与体系を明確にしておく必要があります。

まず、自社の事情に合った的確な「評価シート」をつくりましょう。経営者が社員に求める期待成果、期待成果を実現するための重要業務、重要業務を遂行するための知識・技術、そして会社として社員に求める勤務態度、組織文化などを明確にするのです。この「評価シート」にもとづいて適正な評価を出せば、あるていど自動的に昇給額や賞与額を決定できます。

たんなる賃金制度ではなく、つまり賃金を決めるだけのものではなく、経営者の頭の中を視覚化させたものと考えられます。精神論にとどまらないメッセージを社員に示すのです。

社員を適切に評価することに加え、ひいては社員の成長をうながすことができます。採用時に、また業務をすすめていくなかで、自分の勤務態度・仕事の実績がきちんと給与に反映されることがわかりますから、社員としては目標を立ててステップアップしようという気持ちになれるでしょう。

最初の賃金が高くなくても、将来の賃金の見通しがつくことは、社員にとって大きなモチベーションになります。とりわけ中小企業であれば、社長との距離が近く、コミュニケーションも密になります。

そのなかで、「わが社ではあなたが成長できるよう、しっかり教育することに加え、求めるレベルで順調に成長していってくれれば、将来的にこんなふうに昇給があるし、賞与額を決めるにも適正に評価したうえでやります。逆に、そうでなければ下がることだってあります」と明確に示されていれば、社員は前向きになるでしょう。不毛な労使トラブルも生じにくくなります。

わたしが考えるに、間違った成果主義をとる会社が増えているようです。同じ会社・同じ職場で働く仲間にノウハウや情報を隠してまで自分の実績を上げようとする、はては悪意をもって陥れる場合もあるようです。そんなことでは、働いていても気持ちがすさみますし、中長期的にみれば勝ち残っていく会社にはなれません。

優れたやり方・仕事のすすめ方は、社員全員で共有していくべきものです。結果、会社全体の活気が増し、業績が上がり、一人ひとりの取り分も増えます。給与として反映されます。

将来にわたって社員の給与体系をオープンにすることは、成長する会社経営の土台のひとつです。わたしが多くの会社の生現場に接してきて確信したことです。

02 社会保険を適正に払っていて、賃金は年功序列が基本

事業者の中には売り上げ至上主義ではなく、社会貢献を謳い地域に資するような理想や崇高な経営理念を掲げる会社に出会うことがあります。社員のため、社員の家族や関係者の幸せのため、と熱く語る社長がいることも知っています。

それ自体はすばらしいことですが、社会保険を適正に払っていない会社もあるのです。ある社長からは「社会保険をうまく安くできる方法はないの？」「保険料を払った分は、元が取れるの？」と聞かれ、わたしはガックリと力が抜けました。

社会保険とは、元が取れるとか投資的な面があるものではなく、事業主として当然の課題です。保険料を払ったら資金繰りが成り立たない、だから入れないというのであれば、事業構造を根本的に立て直す必要があるのです。

国の年金制度が十全ではないきらいがあるのかもしれませんが、高額な役員報酬を取っていたり、高級車を買い換えたり、ブランド物で身をかためたりする社長の口から、社会保険に対する不満が出るのはおかど違いです。

本当に社員のためを思うのであれば、社会保険料を適正に払えるような事業構造に

するのは当然のことです。

前項で給与体系について述べました。社会保険とともに社員の待遇の土台になる賃金制度にふれておきます。

職能給、成果給、役割給など、専門家によってさまざまな賃金制度が提唱されています。業種によって、事業展開の仕方によって、また経営者と従業員との関係性によって、ベストな制度はそれぞれ異なるでしょう。どれがいいとは一概にはいえません。ただし、従業員の勤務態度、能力、実績、などの評価が年功別にされていれば、年功序列賃金制度は古くさいからとの理由だけでは否定できない、とわたしは考えます。

日本人はもともと、年齢によって上下関係をつくり、年上の人には礼節を重んじる習性が強い国民性をもっています。時代が変わっても、アメリカ型の成果主義には適さない土壌があるのです。それでも、年功順に賃金に差をつけると若い人から不満が出るからと、無理やり成果主義的な賃金体系をとっている面もあるのではないでしょうか。

年功序列ということは、基本的に賃金を毎年上げていくことを意味しています。つまり、賃金の高くなった社員が増えていくわけです。多くの会社にとって負担が大きくなるので、成果給に切り替えたり、社員を独立させたりします。

逆に、賃金が高くなった社員は、それにふさわしい実績を上げなければなりません。その点が経営者と社員とで共有されていれば、つまり年齢相応に能力が培われていれば、すばらしい会社といえます。

社会保険のシステムをしっかり理解して、年功序列賃金制度を徹底できている会社をわたしが評価するゆえんです。

03 経営陣を身内で占めず、女性・年配の従業員が多い

中小企業、「小さな会社」では、経営陣といっても人数は限られます。従業員からすれば、社長をはじめ経営陣の姿を常日ごろ目にする機会は多くなるでしょう。

まず、経営陣を身内でかためて従業員とのあいだに見えない線が引かれるようなことは避けることです。

たとえば、社長の奥さんを経理に据え、息子を後継者と見立てて部長や工場長など最初から要職に就かせるケースを見かけます。社長にとっては安心感があるのでしょうし、事業承継を考えると道筋のひとつかもしれません。

しかし、その場合、公私のけじめをきっちりつけなければなりません。労働時間はほかの社員と変わるものがあってはなりませんし、指揮命令系統は明確にすべきです。仕事の場で身内や親子としての言動がかいま見えたり、遅刻や早退など勤務態度にあいまいなところがあったりしてはダメです。

ほかの従業員は、そういう面には過敏になります。わたしがおこなう社員面談でも、よく見ていることが明らかです。こころよいものではないでしょう。

経理にしても後継者（候補）にしても、ほかにもっと適した人材がいるかもしれません。実力や実績でそのポジションを勝ち取るくらいの気概をもって取り組んでいれば、つまり公平な機会のなかでのすすみゆきであれば、従業員のモチベーションも高まります。

経営陣でなくても、社長の身内が会社のメンバーに加わるのなら、社長にとってもその身内にとっても、相応の覚悟と努力が必要です。

会社の雰囲気をよくする次のポイントは、女性の従業員が多いことです。

政府が「女性活躍推進」を重要政策のひとつにしていますし、社会的な機運から女性の社会進出は必須です。子育て中の女性にとっては保育園・幼稚園の整備や待遇面での公平性などは大きな課題ですが、中小企業を経営する側からすれば、従業員に女性が多いとメリットはたくさんあります。

働くことに意欲のある女性は、男性に比べて相対的に周囲への気くばりができますし、消費者感覚が敏感です。どういう商品を買いたいか、どんな金額設定なら納得するか、お得感をもつか、などの意見は貴重です。

とりわけ男性社長の場合、女性を味方につけることは、社内的にも強い援軍になります。

本項の3つめのポイントとして、年配の従業員が多いことを挙げます。

昔の定年年齢と違って、いまの60歳は、いや70歳を超えても、衰えずに働ける人は増えています。年金状況や長い老後という不安からも、収入を得たいという実際的な事情もあるでしょう。

もっと前向きな側面からとらえると、若い人にはない豊富な経験や培った知恵・知識があります。語弊があるかもしれませんが、有効活用するわけです。年齢だけで切り捨てるのはもったいないことが多いのです。

「小さい会社」ならではの人員配置として、年配者に働いてもらう場をつくることは、強さをもたらす一案となるでしょう。

04 社員が地域社会との関わりが多い

小さな会社であれば、何十階という大きなビルを構えた大企業と違って、地元の商店街や住宅街にとけこんでいるケースがほとんどでしょう。地域社会の一員として、日ごろからお客様や取引先の人たちと仕事以外でもふれあう機会は増えます。社員も地域住民のひとりであり、とりわけ子どもを持つ親であれば、保育園・幼稚園・学校との関わりも持つことになります。

本項では、「小さくても強い会社」の社員として、経営者の立場からこうあってほしい、というポイントを挙げてみます。

会社の近くに住む社員が多いこと。通勤手当が少なくてすむから、というような些《さ》末《まつ》な話ではなく、地元周辺の会社に勤め、暮らしていれば、社会の一員として身を律することにつながるからです。

地域社会に評価されている会社、影響力のある会社であれば、社員としても誇りをもって仕事に向き合えますし、もっといい会社にしようとがんばり、モチベーションも上がりやすい。会社の発展にもつながる。こうなると全てが好循環になるわけです。

前述したように、わたし自身、起業したのは独身のときでしたが、結婚して子どもを持つ親になると、周りの見方、社会の見方が大きく変わりました。

また逆に、周りから地域からのわたしへの見方も変わったと実感しました。「所帯をもって一人前」とは何か古くさい考えととる向きもあるかもしれませんが、単純には否定できません。

大都市圏では地価が高く、一戸建てにしろマンションにしろ、マイホームを持つにはむずかしい面があります。一方で、地元意識の高い地域社会では住宅ローンであってもマイホームを持つ社員が多いほうが、経営者としては安心できます。社員としては、この会社でがんばっていこうと働く意欲も高まり、経営者としても責任感を持ちます。つまり、お互いの信頼関係を築けているわけです。

高学歴である必要がないこと。学歴に比例して仕事ができればいいのですが、なかなかそうではありません。小さな会社でごく少数の高学歴の人がいるとすれば妙なプライドを持ったり、周囲から浮いてしまうことになったりします。あえて高学歴の人を避けることもないでしょうが、採用の基準で学歴を重視することは不要です。

会社側からいえば、常に即戦力社員に頼らないこと。他社で優秀だった、実績を上げた、という人が、別の会社でもそうであるとは限りません。小さな会社でも、組織文化、理念、伝統、慣習、仕事のやり方・すすめ方などは異なります。

未経験者であっても、成長してもらえばいいですし、そのための評価制度、教育制度、昇進昇給制度、賃金制度を示して経営するほうが堅実だと、わたしは考えます。

社員がさまざまな趣味を持っていること。当然ですが、人間の幅が広がりますし、また何かのきっかけで企画につながったりすることもあるでしょう。

05 社長が偉ぶらず、本業以外にも勉強熱心

スーパーカブで飛び込み営業を1万件以上した経験を冒頭に述べましたが、そこから、ある傾向があることに気づきました。

活気があり成長している会社ほど、誰が社長かすぐにはわかりにくく、逆にちょっと不安を感じる会社ほど、この人が社長だとすぐわかったことです。

わたしなりにその理由を考えてみて、成長している会社の社長の特長を以下のようにまとめました。

① 外車など高級車に乗っていない
② 必要以上のブランド品を身につけていない
③ シャイであり、口かずが少ない
④ 社員を大切にしている
⑤ 会社にいる時間が少ない、または社員と同じように働いている

大企業の社長や幹部は運転手つきの高級車に乗っていることが多いでしょう。安全第一を考えるし、車内が事務室の一部という意味合いもあります。

小さな会社の社長にも同じような面がありますが、社員の給与や会社設備が不十分なのにそうしているのであれば、言語道断です。もし車が好きで大切な趣味だとしても、優先順位というものがあります。

ブランド品についても、同様に考えられます。

シャイで、口かずが少なく、あるいは口べた、つまり社長が対外的に表に出すぎない場合、専務や部長などが会社をまわしているケースがあります。社員で社長をバックアップしようという雰囲気づくりにもなりますし、権限委譲をすすめる面も出てきます。

社員の可能性を期待し、社員の実力や実績を認めることのできる度量が社長にあるといえます。

社員を大切にすることは当然です。社員をモノのように機械のように酷使する会社には明るい未来はない時代です。何度も繰り返しますが、「ヒト・モノ・カネ・情報」という経営資源のなかで、ヒト（人）がいちばん大切なのは当然です。

わたしの知る例で、こんなことがありました。

社員から不当解雇で訴えられた会社が、和解金150万円で解決したところ、別の社員が未払い残業代で訴え、過去2年間分で100万円で和解。すると、すでに退職した社員から、過重労働が原因でうつ病になって辞めざるを得なくなったと訴えられ、300万円で和解。この〝悪い連鎖〟で社長はすっかり参ってしまい、ついに廃業。……他山の石にしたい例です。

社長が社内に不在の時間が多いというのは、外で遊んでいるわけではなく、企画や商談に時間を割いているわけです。また、異業種にアンテナを張ったり、セミナーに参加したり、つまり行動力があるからなのです。

社内で働くときは社員といっしょに汗を流す、というメリハリがあり、会社成長の糧になります。

06 地元の信用金庫との信頼関係を築いている

事業・ビジネスを展開するうえで、金融機関と仲良く上手につきあうことは、経営の基本であり土台です。資金の融資してもらうにしても、定期積立をするにしても、社員への給与振り込みを依頼するにしても、取引先との決済をするにしても、会社経営をスムーズにおこなうのに、金融機関と良好な関係を築かなければなりません。

わたし自身がもと信用金庫に勤めて、社会人としてのスタートを切り、さまざまな勉強をさせてもらったこともあり、金融機関とのつきあいをとても大事にしています。

会社経営をすすめるなかで、資金繰りは最大の問題ともいえます。しかし、金融機関の本業の意味でのみ大事というわけではありません。

「小さくても強い会社」をめざすのに、地域の金融機関はなくてはならないパートナーといえます。地元の経済状況に、より身近に深く接しているのが信用金庫で、以前からある会社の実績、新たにできた会社の事情、それぞれの社長・商売の特徴などの情報を豊富に持っています。

それらは、お金の貸し借り以上の価値があるかもしれません。お客様を紹介しあえるメリットもあります。

これらが、大事なのです。

わたし（小社）の場合、地元の信用金庫すべてに、定期積立をしています。積立自体も意味があることですが、それ以上に、担当職員と毎月のように会話ができることに大切な意義・メリットがあるのです。

会話のなかで、地域の生の経済状況、地元企業の最新動向を聞くこともできます。新聞、テレビ、ラジオ、ネットなどのメディアのニュースより、よほど現場に即した価値ある内容・中身であることも多いのです。

また、社員の定期積立や住宅ローンなどの相談にものってもらえます。社員にとっても有益なことだと思います。

わたしは逆に、新たな労務情報や法改正などをはじめ、担当職員がほかで使えるような情報を提供するように心がけています。

読者のあなたも、それぞれの分野で話題を伝えることができれば、信頼関係を築く一助になるでしょう。ぜひ、やってみてください。

本書の第5章では、わたしの地元の「浜松いわた信用金庫」の経営や地元企業・地域住民へのアプローチの実例などを紹介、解説します。

信用金庫としてのあり方・実績が全国的に注目されているからでもありますが、経営者が信用金庫に対応するさいの参考になるでしょう。

07 他社の営業マンが訪れやすく、自社の営業マンは元気

まず、わたしの経験から述べます。

わたしは飛び込み営業をするとき、お客様になりそうな会社があるかどうかアンテナを張って探していました。特に訪問リストがあるわけではなく、これはと目についた会社があれば、かたっぱしから訪問していました。

後ほど詳しく調べることはあっても、まずは勘と感覚を頼りに、いい経営をしてい

そうだ、これから伸びそうだ、という独特の雰囲気がかもし出されている会社を訪れていたわけです。

逆に、この会社に営業をかけて仮に契約をいただいても長く続かないのではないか、どうも本気で事業に向き合っていないのではないか、など不安になる会社もありました。営業マンが訪ねてくるのをいやがる、面倒くさがる会社もありました。

わたしの経験だけによる教訓ではないと思いたいのですが、飛び込みにせよ調べたうえにせよ、営業マンが訪れてくるのは、それなりの会社に見える、そう評価してくれたのだととらえることです。

数をこなすためだと考えるのはもったいない、自社をお客様になっていただきたいとアプローチしてくれたのだと感謝するつもりで対応するのは、けっして時間のムダばかりではないでしょう。その場だけの話になって契約に至らなくても、ひとつふたつ有益な情報が得られるかもしれませんから。

前項のように、信頼できる信用金庫の担当営業マンとの話は大事ですが、ときには別業種の新規営業マンと相対するのも、社長としての役割のひとつです。学びのタネや意外な情報を得る機会と考えればいいのです。

立場を変えると、わが社の営業マンは他社を訪ね、アプローチします。社長であるあなたが営業をかけることもあるでしょう。

業種によって、また人によって、営業・セールスの方法やセールストークはさまざまです。詳しく述べると一冊の本になるので、ここでは基本的な態度や雰囲気づくりにふれます。

一定レベルの商品の質、営業先へのメリット提供、まっとうな契約内容などが前提であるのは当然ですが、そのうえで前向きに明るく話しやすい人だなと感じてもらうのがポイントです。

営業マンは相手先と直接、顔を合わせ、会話をするのですから、理論・理屈だけでは息がつまります。最近、ビジネス上でも人づきあいのうえでも「雑談力」が評価されています。少しばかり脱線しても、おもしろさや元気をふりまくくらいが、小さな会社の営業マンとしてはいいのだと、わたしは考えます。

08 商品だけでなく、気持ち・ブランド力・将来性を大事にする

会社を経営するということは、それぞれの専門や派生する商品を開発して売る、またサービスを提供して、代金をいただく活動です。

世の中には多くの需要に応えるヒット商品や人気サービスがあり、つまり会社と事業を大きく伸ばすためで、それは当然めざすべきところです。しかし、ほとんどの業界・業種で技術がすすみ、それほど際立つ違いを出すのはかなり困難なのも事実です。

わたし（小社）でいえば、それなりの社労士事務所ではほぼ同じレベルでシステム化されており、給与計算や手続きといった業務に大差はありません。もし委託先によって結果に違いが出るとしたら大問題です。

そう考えると、商品やサービスが一定レベルに達しているとして、「売りになる」のはその人間の気持ちであり、ブランド力や将来性といえるでしょう。

人間の気持ちとは、やや漠然と思われるかもしれませんが、要は、仕事上できっちりしていることに加え、その人とつきあっていると愉快でわくわくした感じを受ける、

元気づけられることです。

前向きで、話題が豊かで、表情が明るい、魅力があふれているわけです。社長や営業マンだけではなく、会社全体がそういう雰囲気になるようにシステムや環境を整えましょう。


ブランド力とは、何も高価で希少で世界的な評判・評価があることではありません。その業種あるいは地域のなかで、独特の商品やサービスをもち、一定の評価を得ていることです。

とりわけ大都会ではない地域の場合、仕事・ビジネスだけの実績ではなく、子どもや近隣にかかわる人間関係つまりプライベートな面にもしっかり対応することです。わずらわしいからと嫌ってはいけません。

生まれ育った地域であれば、学校の同窓、先輩後輩、顔見知りなど、何ごとにつけて応援してくれるケースも多いでしょう。

わたし（小社）にしても、静岡県浜松市周辺を拠点に、社労士事務所としてはそれなりの規模で事業展開できるようになったのは、地域に根を張り、地道に手がたく励み、恩を受けた人たちに感謝してきたからこそと感じています。

将来性とは、1年後10年後20年後に有望なビジネス・需要が何かを調査し、それらに関わる業種・商品・サービスを追求していくことです。

一般的には、ITやロボット、医療や介護、農業、環境ビジネスなどが挙げられるでしょう。わたし（小社）のお客様は、建設、運送、製造、医院、薬局、飲食店、介護施設、とほぼ全業種にわたっています。濃淡はあっても、「健康」「環境」が共通するキーワードです。

ただし、だからといって、単純に異業種参入しても、そうは問屋がおろさないでしょう。ビジョン・目的を明確にしたうえで動くべきです。

09 経営資源のなかでは「ヒト」を大事にした戦略を持つ

組織・会社の経営資源「ヒト・モノ・カネ・情報」のなかで、とりわけヒト（人）

が大切であることは、成功者やその著書の中で数多く言い表わされています。また本書のこれまでの項目の折々にもふれてきましたが、何度繰り返してもいいでしょう。

ＩＴ、ＡＩの時代とはいっても、すぐにヒット商品を開発できるか、きめ細かなサービスを提供できるか、思いやりや熱量を持って交渉できるか、といえば、なかなかそうではないでしょう。

日本では少子高齢化社会が到来することは確かです。経営をするうえで、昔よりも今よりも、将来はますますヒト（人）を大切にする、ヒト（人）の価値を重視する時代になるといえます。

わたし（小社）の立ち位置としては、労務管理すなわち会社とヒト（人）がお互いに幸せを感じることができる組織体制づくりを推進し、それを扱う専門家という仕事にやりがいを強く感じています。

経営のなかでヒト（人）をいちばん大切にすることの具体策、つまり待遇や労務管理、環境・制度の整え方などは、本書の第２章、第３章で述べます。本項では、法律や法令だけでは及ばない点について、わたしなりの考えをお伝えします。

女性の従業員を登用する効果については本章の3項でも述べていますが、女性には相対的に手がたい仕事ぶりや消費者視線の感覚などがあります。

年配（女性が含まれるのも当然）の従業員を登用する効果についても、同じ項目で書きましたが、少し付け加えておきます。

20代・30代で創業した経営者であれば、社員は年上の人になることが考えられます。社長と社員という立場の前に、人間どうしです。年配の人は人生経験も社会生活も自分より積んでいます。敬う姿勢は大事です。

ビジネス上の意見を聞けば有意義な反応を期待できますすし、仕事上のことだけなく結婚や人づきあいのことなどについて謙虚な姿勢で耳を傾ければ、年の功なりのアドバイスを得られるはずです。

女性や年配者を含めて、社長としてときには社員の不手際や失策を指摘しなければならない場面も出てきます。その場合は、人間を叱るのではなく、行動を叱ることです。

逆に、認める場合は、その人の成長を承認してほめることです。いずれにしても、感情のままに対応するのではなく、ほどよい距離感をもったうえで常にコミュニケーションをとっていることが前提です。

しかし、これらを踏まえても、会社の成長につなげなければ、たんなる居心地のいい組織、仲良し集団に陥ります。そうならないための方策については、別の項で述べます。

10 「餅は餅屋」を経営の大原則としている

「餅は餅屋」とは、何か自分の専門外の課題が出たときは、安易に手を出さずに、その分野の専門のところに任せるのがよろしい、との意でよく使われます。

ここで、わたしの仕事を例にとって話をすすめさせていただきます。

社会保険労務士事務所を開業する前、社労士は労務管理（給与計算、労働保険、社会保険など）の専門家であると学びました。どの会社でも必要な分野ですが、開業後、社労士が関与している会社は全体の約3割であることを知りました。つまり、税理士、コンサルタントなど社労士ではない人たちが、本来は社労士の専門分野を〝サービス業務〟として安価で請け負っているケースもあるようです。

であれば、わたし（小社）も、有資格者を雇用して税理士や司法書士・行政書士などの分野まで手を広げるのがいいのではないか、と悩みました。しかし、結論として、あくまでも労務管理の専門事務所であろうと決めました。

税金のことは税理士に、労働保険や社会保険のことは社労士に、それぞれ任せるほうがお客様（会社の経営者や従業員）のメリットが大きいからです。片手間とまではいわなくても、サービス業務としてやるのであれば、やはりどこか不足が出がちです。そうした不安をなくすためにも、「餅は餅屋」であるべきなのです。

とりわけ近年は、うつ病、セクハラ、パワハラ、など労働トラブルが増えつづけていて、経営者側のきちんとした対応が求められていることを考えると、労務管理の重要性は明らかです。労働者をヒト（人）として大切に思っている経営者は、「労務管理は社労士事務所に頼むべき・任せるべき」とのスタンスをとっています。

逆に、社労士（業界）も、そうした期待に応えられるように、もっとレベルアップしてもらいたいと考えます。わたし（小社）自身、そうありたいと努力しています。

それなりに信頼される社労士事務所となり、その顧問先でわたしの本業以外の課題が出たら、わたしの信頼するその道のプロ――税理士なり弁護士なり保険会社なりを紹介するようにしています。そんなネットワークをつくり、顧問先や地域に貢献しているわけです。


読者であるあなた、つまり「小さな会社の経営者」の立場から考えてみましょう。

自社の専門事業に関わるマーケットがやや狭く、関連する事業に目移りすることがあるかもしれません。その事業がかなり有望で、かつ十分な準備をしたうえで対応できるのならまだしも、中途半端な段階で手を出すのなら、危険です。

それよりも、「餅は餅屋」で、得意分野をもつ他社との提携・協力の道筋を見通すのがいいと、わたしは考えます。

11 損得だけでお客様を選ばない

会社を経営する、事業を展開するということは、取引先・相手先とビジネス上のつきあいをするわけで、重要であることはいうまでもありません。お互いに信頼関係を築き、メリットをギブアンドテイクできるのであれば、すばらしいことですが、そうとばかりはいきませんね。読者のあなたも日ごろご苦労されている面も多々あるでしょう。

値切るのが常態化しているお客様、短納期を要求するお客様、理不尽なクレームをつきつけるお客様、居丈高な態度をとるお客様……「お客様は神様だ」といわれるものの、本当にいろいろなタイプのお客様がいることも確かです。

そんなお客様に出会ったとき、どう対応したものでしょうか。

「お客様は神様だ」を疑いなくそのまま受け入れるのなら、値段や納期は先方の要望のとおり、赤字も覚悟で、自社の商品・サービス・仕事を提供すればいいのかもしれません。しかし、それでは事業が成り立ちません。

〝神様〟といえるほどの尊重の気持ちを持って対応できるお客様とは、こちら側の提案・条件・アドバイスなどを素直に聞く耳を持ち、理解してくれ、交渉の席についてくれる人だと、わたしは考えます。売り主と買い主、どちらが上でどちらが下、というのは基本的にはないのです。

わたしの場合、そのようなお客様には誠心誠意向き合うように心がけています。ときには利益も度外視して対応することもあります。仕事にはそんな面もあると思います。

わたしも若いころは、相手の事情・都合を思いやって提案しても聞き入れてもらえず、逆ギレされてしまうケースもありました。細かな条件やスケジュールで無理難題を突きつけられることもありました。

つまり、本来は割かなくてもいい時間や労力を費やされるわけで、そうすると、ほかのお客様に迷惑がかかってしまいます。自分だけならまだしも、周囲への悪影響が出てくるのです。

損得の「損」とは、端的にいうと利益が上がらないということですが、たとえ短期的にあるいは一案件で損するのが明らかであっても、そのお客様とつきあうほうがいい場合があります。

信頼できて、業界的・社会的に影響のある、つまりブランド力のあるお客様ならば、そして真っ当な事業内容であるならば、です。売り上げや利益はもちろん大切なのですが、自社や社員のモチベーションが上がり、ひいては自社イメージ・自社ブランド力も高まる期待があるからです。

逆に、たとえ利益率が高い、つまり表面的な「得」があっても、自社の社員がお客様とつきあうことで精神的にまいってしまうようであれば、つきあうことを再検討する必要があるかもしれません。

ビジネスは1年2年で終わるものではなく、長く続けることを考えると、損得だけでお客様を選ぶ愚はおかさないようにしたいものです。

12 ライバルを設定して、短期・中期・長期の目標が明確

前項で、短期間の利益の損得だけでお客様や事業を選ぶべきでない、と述べました。経営を長期スパンで考えるのなら、当然のことです。

勢いや熱量のままに事業を始める人もいます。ふんぎりとしては、そんなケースもあるわけですが、やはり経営計画をしっかり立てたいものです。

商工会議所や会計事務所などが開催する経営計画テーマのセミナーがあるので参加してもいいですし、先達のアドバイスを求めてもいいでしょう。

経営計画とは、短期・中期・長期それぞれの目標を立てることです。短期なら半年から1年、中期なら3年から5年、長期なら10年から20年を目安にして、売り上げ、従業員の規模、業種の広がり、などの事業計画をつくるわけです。

数字・実績の目標達成のために日々何をするか、どう戦略を考えて仕事を積み重ねていくか、結果が出たらどうフィードバックするか、です。

「二割五分増しの努力は1年後にやってくる」、この言葉は、社会保険労務士として

のわたしの実務面の師匠・伏屋喜雄先生から教わりました。努力することは大事だが、その効果はすぐにあらわれるものではない、ということです。

役立つ本を読んで心に刻んでも、意義あるセミナーを受講しても、すぐに仕事につながるわけでもないですし、利益が上がるわけでもありません。わずかでも成長できたと実感することです。1年後、2年後、3年後……に何らかの機会に思いがけず、あるいはそうとは意識しなくても、反映されるでしょう。

会社としての目標や経営計画を立てるとともに、社長個人の経営者としての目標や意識づけが必要です。

数字的な目標を立てる人と、自分が尊敬し憧れる人物を目標にする人と、2パターンがあると、わたしは考えます。

数字的な目標を立てるのであれば、前述した経営計画が土台になります。では、後者の場合はどうでしょうか。

それは、経営者としてのライバルを設定して、その人に近づこう、負けたくないと考えるのです。同じ業界の身近な経営者でもいいでしょうし、評判の高い経営者や著書を読んだだけで会ったことのない経営者でもいいですね。

同年代とか同地域とかに限ることはないです。

歴史上の大人物（わたしの出身地周辺でいえば織田信長や徳川家康など）でも、小説に登場する架空の人物でもかまわないかもしれません。自分の事業がうまくいっているとき、逆に落ち込んだとき、ライバルだったらどう対応するかと思い描くと、視野が広がり、意外なアイデア・企画が生まれてくることがあるのです。


わたし自身は、今は豊田佐吉さんを参考にしています。ライバルといっては大変おこがましいので、意識して勉強させてもらっているのです。また、もうひとりの自分、それも絶好調時の自分だったら、どう動くかを常に意識しています。そのときの自分を客観視できる利点もあります。

13 社長自身を磨き、会社の看板としてふさわしくなる

本章の5項で、社長は本業以外の勉強にも熱心であるべきだと述べました。異業種にもアンテナを張り、気になるセミナーには積極的に参加し、機会があれば他社見学をする、などの行動力は斬新なアイデアにつながる、との趣旨でした。本項では、もっと踏み込んでみます。

人生の彩りとして、誰にも趣味があります。ゴルフ、車、お酒、ギャンブル、ブランド品……本業や家庭に悪影響が出ない程度であれば、わたしがとやかくいうことはないのですが、「自己啓発」にも時間とお金を使ってみませんかとも申し上げたいのです。

わたし自身も意識してそうしていますが、成長している会社の経営者であれば、かなり自分磨きに励んでおられます。具体的に、わたしは年収の10パーセントを自己投資してみることをおすすめします。

セミナーでいえば、本業に関係する内容・テーマであれば当然役に立つわけですが、それ以外でもいいのです。モチベーションを上げる、将来のビジョンを立てる、より健康になる、夫婦生活をよくする、人間関係の問題解決、などなど。

本業に関係するものだけなら、同業社長との差別化になりにくいですし、遠まわりのようであっても、異業種の人たちのなかで勉強すると、新鮮な発見があるものです。少なくとも、わたしはよく感じます。

セミナー、異業種交流会、勉強会などで人脈が広がったり、経営者団体に加わったり、出身学校のOB組織に関わったりすると、ゴルフやお酒の席などを含めて、時間もお金も使うことになります。

わたしの考えでは、これらは自己投資というよりも、感謝や恩返しととらえるのがいいのです。

自分を磨くうえでは、読書が大切なのはいうまでもないですね。どのくらい中身を精読するかにもよりますが、月に10冊を目安にしたらどうでしょうか。

経営者であれば、本業に関するビジネス書がメインになるかもしれません。わたしの場合、労務管理、人材育成、経営業などの本です。1冊約1500円。その本のテーマに関する著者の知識・情報・実績のエッセンスが得られます。紙の本の需要は右肩下がりですが、費用対効果はとても高いと思います。

社長になるということは、自分が会社の看板になるということです。自分を磨き、ブランド力を高めれば、会社の信頼度・安心度・社会的価値が高まることにつながります。社長業には、苦労に倍するやりがいがあるのです。

各種セミナーや読書を含め、自己投資に年収の10パーセントを使うのは安いものだと考えますが、いかがでしょうか。

14 妻子、家族との営みが充実している

「家庭と仕事、どっちが大事？」

昔から質問したりされたりしている問題です。わたしも、「村松さんは毎日いそがしそうだけど、家庭サービスはどうしているの？」「奥さんやお子さんの〝労務管理〟はどうしているの？」などと冗談まじりにいわれることがあります。

多くの人は明確に答えられないことでしょうが、ときには自分自身に問いかけてみるのも一興です。

経営がまだ軌道に乗っていないときに、家庭が一番だと家にいることが多ければ、そもそも生活を維持できません。仕事に没頭しなければ売り上げが立たず、経営が成り立たない場合がありがちです。

仕事がうまくまわるようになってはじめて、穏やかな気持ちで家族と接することができます。そうなるまでは仕事のほうが大事で、徐々に重点を家庭のほうに移していく、と当たり前のことですが、いかがでしょうか。


わたしの場合、子どもが4人おり、うち長男が事故で長期入院中なので、家庭・家族に対する思い入れには深いものがあります。しかし、経営が軌道に乗ったいまでも、土日も勉強したり、セミナーに参加したりするので、家庭サービスはほとんどできていません。週に1回、食事に行けるかどうかのレベルです。

このまま仕事中心でやって、いつか倒れたり病気になったり死んでしまったりしたら、人生に悔いが残ります。いままでどおり突っ走れば、そうなりかねません。家族旅行に出かけたり、食事や団欒の時間をもっととったり、ふれあいの機会を増やすほうが、愉しい人生なのではないか、と考えます。

「バランスが大事」という結論ともいえない話になりますが、経営者としては、家庭サービスに充分な時間を使える余裕がある組織体制――社員の労務管理、社風に合った人事制度――をつくることが必要です。

以下では、若き起業者・経営者にむけて、わたしなりのメッセージを送ります。

まず、結婚するのなら、早いほうがいいでしょう。大都会よりは人間関係の密度が濃い地域では、周囲や関連する先輩経営者から信用を得るには、判断の一要素になります。それだけの理由で結婚するのではないことはもちろんですが、この人ならという相手がいるのなら、家庭を築くとともに、仕事への張り合いのひとつになるでしょう。

幸いに子宝に恵まれたなら、より一層、守るべき存在ができ、仕事にも力が入りますし、人間としての幅が広がることもあります。

わたしは、夫婦ともに社会で仕事を持つのがいいと考えています。同じ職場でと限るわけではなく、お互いの仕事に関する話題を交わすことは、苦労・苦心をやわらげる一助になると思います。子どもに働く親の姿を見せることも、教育の一環となるでしょう。

独身主義の方や、何らかの事情で結婚せず、あるいは子どもを儲けない人がいることも否定するわけではありません。そのうえで述べましたことをご理解ください。

15 経営にも差が出るプライベートの過ごし方

本章のこれまでの項目で何度かふれてきましたが、大都市ではなく出身地などの地域で事業(経営)をする場合、社長自身のプライベートとつながることが多いものです。自治体や町内会での一定の役割、子どもがいる場合の学校や親どうしとしての活動、年齢を重ねた親がいる場合の福祉・介護の問題、などがあります。

また、出身学校のOB会の関連や、姻戚関係の義理などもあるでしょう。仕事・事業オンリーとはいかないケースも多いのです。

経営者としては仕事にウェイトを高くするのは当然ですが、プライベートともバランスをとっていかなくてはなりません。ここでのポイントは、人間関係の濃さをわずらわしいからと嫌うのではなく、メリットととらえるほうが前向きですし、人生の喜び・愉しみを感じさせてくれると考えられます。

もっと個人的なことがらにも考えを及ぼしてみます。あくまでも、本書のテーマ「小さくても強い会社の社長」となるための、わたしの判断・思いです。別のお考えがあるだろうことも承知しています。プライベートな課題のひとつと思ってくだされば、と存じます。

お酒やタバコは嗜好品ですが、当然のことながら、〝過ぎる〟のはダメですね。わたしの場合、会合や勉強会などの二次会の席でお酒を飲むと、勉強の時間や、ただでさえ少ない家族とのふれあう時間が足りなくなるので、あまり積極的には参加しません。また、お酒の席で仕事につなげる話をするのは好きではありませんし、判断基準がにぶると考えます。

タバコは吸いません。社会的にも嫌煙・禁煙の風潮は加速度的にすすんでいますね。

街なかで吸えない地域が増えていますし、飲食店などサービス業でも分煙がきっちりされたり。全店禁煙も多数派になりつつあります。

健康に悪影響を及ぼすことも明らかになっています。世の中の趨勢《すうせい》や健康面だけではなく、会社の看板としての社長なら、少なくとも人前でプカプカふかす姿はみせないほうが無難かもしれません。

経営者は、最後の最後に決断したり、責任をとったりする立場です。ふだん幹部や社員とわいわいやるのは、雰囲気づくり、意見の出し合いやら検討会という面ではいいわけですが、基本的・根本的に孤独ともいえます。

ときには、リラックスしたり、リフレッシュできる自分だけの時間・空間も必要です。独りのときに冷静になって、失敗例・成功例をふりかえりながら、対応策やビジョンを考えたいものです。

ご提案ですが、狭くても書斎をつくったらどうでしょうか。わたしの場合、四畳くらいの部屋で、本がたくさんあるほかは机とパソコンくらいしか置いていないのですが、たいへん貴重な空間で、そこで独り過ごす時間を大切にしています。

第2章

人事制度こそが業績向上の源だ！

わたしは、中小企業のための〝本物の〟人事制度を普及させる活動に力を尽くしています。〝本物の〟というのは、成果主義賃金など大企業の成功事例（？）を表面だけなぞるようなものではなく、また理論優先のコンサルタントの〝見栄えだけいいもの〟でもない、ということです。

つまり、全社員にやる気を出してもらい、会社全体の業績を上げる、という目的のために、自分たちの会社の都合・事情によって柔軟に運用できる制度づくりです。

それは、本章で述べるように、自分たちで（トップ・幹部・管理者で討議して）つくれます。

つくって運用していくなかで、会社の発展・変化に合わせて、タイムリーに見直すことができます。むずかしくする必要はないのです。

人事制度とは、社員を育てる仕組みです。「小さくても強い会社」としては、本章の15項を理解し実践していけば、〝社員の問題〟という悩みに費やす時間が劇的に減るでしょう。

01 評価と賃金の仕組みをつくる

優秀で頼りになると認めている社員が辞めるといってきたとき、経営者であるあなたはどうしますか。もちろん、引き止めるでしょうが、その策として、賃金アップをいちばんの説得材料にするのは避けるのが賢明です。

もしかしたら、月に数万円のアップで慰留することができるかもしれません。人件費総額に大きな影響を与えずに、その社員が辞めることによる業績ダウンにならなくてすみます。

ところが、「賃金は個別交渉で決まる」という社員の共通認識が生まれる可能性が出てきます。昇給を望むときは「辞める」が切り札になってしまいます。賃金額は、会社としての評価よりも、交渉力があって駆け引き上手な社員のほうが決定力を持ってしまうのです。

中小企業・小さな会社は、ギリギリの社員数で経営しているのがほとんどです。ひとり欠けても、何らかの問題が浮き彫りになるでしょう。中途採用にしても、通常、求人の計画から採用まで1か月くらいはかかります。

ですから、優秀な社員の辞意を引き止めるのは当然ですが、賃金アップを条件にはせず、個別交渉には一切応じないことです。賃金は社内の評価と限りなく一致させなければ、ほかの優秀な社員、成長が期待できる社員、まじめで正直な社員の意欲がなくなるからです。

たとえ優秀であっても一社員だけを優遇することで、会社全体、社員皆で協力して業績向上をはかる基本・根本姿勢をくずしてはなりません。

賃金額は「評価」で決定する仕組みをつくることです。「賃金がアップするためには、評価を高めることのみである」と明快に発表し、社員間に浸透させることです。評価と賃金を一致させる仕組みがあり、それがきちんと運用されていれば、社員は前向きに仕事に取り組むことになります。

仕組みの柱は2つです。

○社員の勤務態度、業績、貢献を評価する仕組み
○それらの評価を賃金に反映させる仕組み

会社の規模、業績、業務の内容、地域性などによってさまざまな評価基準になるでしょうが、できるだけ公明正大に、労使双方が共通認識を持つことが大事です。そうであれば、ほとんどの社員は納得します。

賃金額は、社員の交渉力や駆け引きで決まるのではなく、会社の仕組みに沿って決まる、その点が肝要なのです。

経営者にとっては少し勇気がいることかもしれません。優秀な社員にとっては不満が出るからですが、しかし、成長しようとするまじめで正直な社員が賃金の問題で辞めることはなくなるでしょう。

この仕組みが期間を経て定着してくると、小さな会社とはいえ人手不足で悩むことはなくなり、強い会社になる大きな要素となります。

02 コンサルタントに丸投げしない

近年、「年功序列賃金」から「成果主義賃金」に変えることが、あたかも新時代にマッチしたすばらしい経営法のひとつだと喧伝される向きがあります。中小企業の経営者も、「遅れてはならない」とばかりに、現在の賃金制度を見直さなければならない、検討し導入を考えはじめます。

しかし、そもそも、純粋に「年功序列賃金制度」を運用している会社はほとんどありません。何歳になったら、勤続年数が何年になったら、賃金はいくらになるか計算できるだけです。

年を経るごとによる功績で決める賃金という部分はまったくないか、あってもごくわずかなのです。これでは「年功序列賃金」ではなく、「属人給（年齢給・勤続給）型賃金」なのです。

賃金を年齢や勤続年数だけで決めていたら、中小企業ならではの活力は生まれてきません。新しいことにチャレンジする、さまざまな問題解決に力を尽くす、課題を見つけて考える、などの期待が持てなくなるでしょう。

「小さな会社」の場合、賃金制度が確立されていないことがあります。経営者の掲げるビジョンやロマン・熱意に共鳴した社員が、ただいっしょにがんばるわけです。賃金については、成果主義あるいは能力主義といえるかもしれません。

会社の規模が大きくなり、社員数が増えてくると、賃金の決め方を制度としてまとめなければなりません。この最初の段階で間違えないことです。「社員がどのくらいの業績・成果を出したら、どのような処遇をするか」という経営者の考えを具体化・可視化するのです。

賃金制度づくりは、コンサルタントなどに丸投げしてはなりません。自社の都合・事情に合わせて、社員が納得できる内容にしなければならないのですから。その制度・内容に不満が多ければ、社員の意欲をそぐことになり、経営リスクにもなるでしょう。

ある会社の新人事制度説明会の冒頭に、経営者が「いままでのウチは年功序列型賃金でしたが、これからは成果主義型賃金に変えます。その内容は……」と話したら、参加した社員たちは一様にシラけた雰囲気になりました。

社員のほとんどは、年功序列で賃金を得ていたとは考えていなかったからです。自分の能力や実績にもとづいた賃金だと、とらえていたのです。もらいすぎと思った社員はいません。労働分配率が悪化しても、そうなのです。こんな状況で「成果主義型賃金制度へ」とやるから、社員の頭の上にはクエスチョンマークが灯るのです。

では、社員の納得のために明らかにすることは何でしょうか。

①何をもって成果とするか

②その成果をどのように評価するか

③その評価の結果をどのように処遇へとリンクするのか

抽象論ではなく、どのくらいの評価になったらどのくらいの賃金になるのか、社員が電卓で計算できるようにすることです。

03 社長の思い・考えを可視化する

「経営者は人事のことをよく知らない。人事担当者は経営のことを知らない」

経営関連がテーマの書籍や雑誌で目にする言葉です。そうだなあ、とうなずいてしまう経営者も多いようですが、スルーしてしまっては問題です。

ここでいう「人事」とは、能力（成果）主義人事制度など理論的なことであり、実務上のことではありません。誤解を恐れずにいってしまえば、経営者は人事のことを知らなくてもいいのです。

人事制度を変えただけで会社が発展することは、まずあり得ません。どの会社でも共通活用できる人事制度はないのです。何か絶対的にすばらしい人事制度があって、それを導入しさえすれば見違えるような業績向上につながることはありません。会社によって千差万別なのです。

もうひとつ、経営者は人を育てるプロであることを心に刻んでください。中小企業の経営者、とりわけ創業者であれば、入社していっしょに力を尽くしてくれる社員をまず動機づけ、教育指導をし、できるだけ短期間で成長させなければなりません。

わたしの知る限りでも、とくに優秀でもなく、あるいは暴走族あがりだった若者を次々と採用して、その結果、管理者に育てている経営者がいます。こういう経営者を「人事がわからない」と表現するのは大きな間違いです。立派に企業を存続させている経営者には、「わたしは人事もプロだ」と胸を張ってもらいたいものです。

会社の規模拡大（社員数増）に伴って、経営者に考えてほしいことが3点あります。

①経営者が高頻度かつ時間をかけて社員とコミュニケーションがとれなくなる。
②経営者が社員の成長の度合いや成果の内容をきめ細かく評価できなくなる。
③社員の教育指導を管理者に任せるようになる。

つまり、経営者と社員との間に「管理者」という存在が多くなることです。どんなに優れた管理者でも、経営者からみればそれなりの不満を感じるでしょう。また、社員からみればトップと管理者との立場の違いに納得のいかないことを感じる場面もあるでしょう。

しかし、組織には命令系統統一の原則がありますから、経営者が管理者を飛び越えて社員を教育指導するのは会社がぎくしゃくする原因になりかねません。

そこで、経営者がなすべきなのは、社員を育てた仕組みを可視化（文書化）することです。思いを形にするのです。その場合は、専門家の手を借りてもかまいません。しかし、重要なのはあくまで経営者による「人材育成のコツ・思い・願い」です。いわば、社長の魂です。

書類の出来ばえではなく、社長自身の考えを形にすることが大事です。その会社にとって、経営者より優れた、ふさわしいノウハウを持つ人はいないのです。

納得できる人事制度であるかどうかは、まず経営者が判断しなければなりません。「経営者の思い・考え」以上の制度は存在しないのです

04 中途社員の賃金制度を整える

中小企業、「小さな会社」の場合、年度ごとに新卒社員を採用していくことはまれです。創業当初は、事業計画をつくり、それに沿ってやっていくわけですが、詳細な採用計画をつくることはまずありません。

経営者自身が必死になって仕事に没頭するので、採用・人事制度が必要になるとまでは思いつかないのです。経営が軌道に乗るまでは、また規模拡大をはかる状況にならなければ、具体的な動きをするに至りません。

問題になるのは、事業拡大などの事情で、人手不足になってからの採用です。即戦力を求めての中途採用になります。採用自体もむずかしいのですが、そのさいの賃金の決め方がたいへん重要なのです。

仕組みもノウハウも確立していないと、経営者の勘・経験・度胸で決めざるを得なくなります。採用の都度の需要と供給のバランスで決まった賃金額は、のちのち禍根を残すかもしれません。

事業の拡大、社員数の増加は、経営の順調さを示すので幸いなことですが、その都度対応し決めてきた賃金額にバラつきが出ると、社員間の能力や実績など本来あるべき賃金バランスがくずれます。説明もつかず、経営者もわからなくなります。

中小企業、「小さな会社」における最大級の悩みともいえるのが、この中途社員の賃金決定なのです。

社員の経験と実績と技術を考慮して賃金額を決めるのは当然ですが、その根本には賃金決定のプロセスをわかりやすくまとめておかなければなりません。複雑に考えることはなく、そのまとめたものがすなわち賃金制度になるのです。

社員の評価と賃金との関連性について分析データがあります。それによると、平均的に8割の社員が評価以上の賃金を得ていたというのです。データのとり方にもよるのでしょうが、経営者としては無視できないものです。

要因のひとつが、中途社員の賃金の決め方です。

たとえば、面接のさいに前勤務先の給与明細を持ってきてもらうことがあります。想像以上の金額が記されていると、「この人は仕事ができる」とばかりに、応募者有利の賃金決定になります。

しかし、本当に賃金が評価に見合ったものかどうか明らかになるのは、6か月～1年たってからでしょう。そして、おおよそ8割がた評価・実績が、その給与・賃金を下回る――そういうケースが多いのです。

こうした期待に沿わない中途社員が増えれば、会社の存続自体に影響を与えます。賃金だけではなく、基本的なマナーや仕事のすすめ方などについても、過度な評価は禁物です。前勤務先の悪しき慣習が残っているかもしれません。新しい会社の雰囲気や事情を軽んじるかもしれません。

中途社員でも、新卒と同様に学んでもらうことにするのがよく、そのうえで6か月～1年後に見直しをする旨をきちんと伝えておくのがよいでしょう。

05 経営目標と賃金をつなげる計画を立てる

経済や金融の国際化・グローバル化がすすんだり、世界の大国アメリカや中国の動向に翻弄されたり、日本の経済状況の先行きには不透明さが増しています。国内的にも、消費は低迷し、企業による大小の不祥事がたくさんあり、中小企業の経営環境はきびしくなっています。

いままで経営目標はおおよそ達成してきたものの、現在はともかく、将来的には経営目標は形骸化している――そう考えて頭をかかえる経営者は増えています。好景気は名目だけで、実際は「こう景気が悪くちゃ……」と嘆く向きもあります。

しかし、経営環境がどうであれ、他人のせい・周囲のせいにしていては経営とはいえません。景気がよくても不景気であっても、折々の経営環境に適応していくのが企業であり事業であるのです。

しかし、きびしいのは現実です。目標売上高、目標粗利益、これが前年実績を割ることにでもなると、不況業種に属する会社になりかねずまさに一大事に見舞われてしまいます。経営をどうしようか……。

ここで、人件費・賃金という問題が浮き彫りになってきます。

人件費はほぼ固定ですから、きびしい経営状況にはズシリと重くのしかかります。経営指標のひとつである「労働分配率」は悪化せざるを得ません。ベースアップどころか定期昇給もあきらめてもらう事態に追い込まれることもあります。

こうなっても、危機感を抱くのは、経営者とごく一部の幹部に限られるでしょう。ある会社の幹部・管理者会議で、経営者が賞与の総支給額を前年比20パーセントダウンを告げました。すると、何人かの参加者から質問（というより、お願い）がありました。

「会社がきびしいのはよくわかります。しかし、社員の多くは夜遅くまで残業するなど一生懸命がんばっています。そのがんばりに何とか応えてやれないものでしょうか」

残念ながら、応えられないのが現実でした。社員がどんなにがんばろうとも、夜遅くまで仕事をしようとも、賞与の原資がないのです。金融機関から借りてまで支給するべきでしょうか。もっとも不振の企業に対して簡単に融資する金融機関もそうはないでしょう。経営者としては、社員には納得してもらうしかありません。

賃金を増やすのは会社ではなく、社員一人ひとりの成果創出によるものという面もあります。それまで賃金が減ったことがなければ、賃金は自動的に上がっていくものだと勘違いしてしまったか、あるいは経営者のほうがそういう考え方にさせてしまったか――。

これをいい機会ととらえてみるのも手です。経営目標と賃金をリンクして計画するのです。いわゆる「人件費総額管理」です。

もともと重要な経営指標である労働分配率を活用して、全社員の得たい賃金を明らかにしてもらうと、その合計が人件費となります。その賃金を得るためにはどれだけの粗利益になるか、シンプルな計算です。粗利益以上の実績が出たら、配分すればいいのです。経営目標が社員一人ひとりの目標とつながります。

06 賃金水準と賃金のバラつきを知る

経営者の大きな関心のひとつに、自社の賃金水準は世間相場とくらべて、高いのか、低いのか、平均的なのか——があります。

賃金が低ければ、社員のやる気・意欲をそぐのではないか、わが社の経営実績に悪影響が出るのではないか、と気になるのは当然です。

賃金が高ければ高い分、わが社の経営の圧迫要因になるのではないか、と考えるでしょう。いずれにしても、関心を持たざるを得ません。

わたしは、さまざまな規模の企業を診断したさい、賃金水準分析をしました。その結果、驚くべき事実がわかりました。

全社員が同業界の平均賃金水準を下回っている、という会社は一社もなかったことです。当然なことに、平均賃金水準を下回っている社員は何割かはいますが、どんなに不振の会社でも、平均賃金水準を超える社員は必ずいるのです。

それなのに、「わが社の賃金水準は低い」と考える経営者がいます。なぜでしょうか。多くの場合、「社員がそう言っているから」というのが根拠です。不思議なことです。

どんな社員のセリフかといえば、それは経営者から見て「働きが少ない」と評価せざるを得ない社員です。

自分の賃金の低い理由がわかっていないのです。賃金分も働いていないと考えるのは経営者だけで、本人は賃金以上の働きをしていると〝誤解〟しています。平気で賃金アップを要求してもきます。

つまり、経営者と社員との間に「評価のギャップ」が生じているわけです。会社の賃金水準とは関係ないのです。そのさい、経営者として、「評価のギャップ」に思い致らず、わが社の賃金水準は低いと考えてしまうと、賃金について間違えます。それでは、自社の都合・事情に合った適正な賃金制度づくりができません。

単純な賃金比較ではなく、正しい認識が必要です。たとえば、以下の比較を押さえてください。

①給与は世間並みだが、賞与は業界水準とくらべて高い

②給与のうち所定内賃金は業界と同等レベルの高さだが、超過勤務手当（残業手当）が固定化しているため、年収は業界平均をはるかに超えている

③同業界とくらべて社員全体の平均賃金水準は低いが、優秀な社員は業界の平均賃金水準をはるかに超えている

④ 社員が「ウチは賃金が低い」という根拠は、他の業界（その時期いちばん成長率の高い業界）のものとの比較である

業種業界にかかわらず、経営者が正しい認識を持つには、このような面からも自社の賃金水準を知ることです。

そのうえで、社員間の賃金のバラつきを把握するのです。そうすれば、適切な賃金制度づくりに有効になります。

07 労働分配率を適正化する仕組みをつくる

粗利益額に占める人件費の割合が「労働分配率」です。この率の適正数字がどれくらいかは、会社によってそれぞれですが、常に把握しておかなければなりません。会社が成長しているかどうか、社員が意欲をもって働けるレベルかどうかをみる大切な経営指標だからです。

適正な労働分配率のための基本的な数式を押さえておきましょう。

○実績売上高×実績粗利益率＝実績粗利益額
↓
○実績粗利益額×目標分配率＝人件費
↓
○人件費＝給与＋賞与＋その他の人件費（法定福利費、福利厚生費、など）

つまり、会社全体の売上高が上がり、粗利益率もよければ、人件費は増えるということです。

目標労働分配率によって人件費を計算し、支給するのですが、業績がいいときには率が適正かどうかはあまり気にしません。しかし、売上高や利益率が落ちたときに労働分配率の問題が浮き彫りになってきます。

そうなって初めて労働分配率が適正ではなく高すぎたと気づいても、簡単には解決できません。構造的問題になっているからです。

通常、労働分配率が高い要因は２つあります。

①成果・能力以上に賃金が支給されている
②粗利益額が減少しているのに賃金は固定化されている

どちらであっても、会社の収益性は悪化します。危機感を持たざるを得ません。経営者としても、管理者や社員に訴えるわけですが、なかでも労働分配率が高かった社員は危機感を受け止めにくい傾向があります。

私たちはいままでどおり、あるいはいままで以上にがんばっています。それでも成果が上がらないのは別の状況のせいですと考えがちなのです。

あなたの会社がそのようであれば、賃金の支払い限度は目標とした労働分配率の範囲を守ること、適正労働分配率以上の人件費は避けることを、あらためて経営理念としなければなりません。

「自分たちの賃金は自分たちで獲得するもの」――この認識を訴えてください。

○今年の賞与・給与はどのくらい上げたいのか
○そのためには、売上高・粗利益率をどのくらい上げればいいのか

この2点を、とくに幹部・管理者に問いかけてください。これは、経営目標設定への参画を意味します。そうすることで、社員には、会社のためにではなく、自分のた

め、家族のためにがんばる意識が生まれるでしょう。

批判はするが行動はしない。リスクをとらず新しいことにチャレンジしない。一生懸命さや真剣さが感じられない。――こんな社員はいなくなります。労働分配率の適正化は、会社の活性化につながるのです。

08 賃金への不平不満に対応する

賃金に不満を持つ社員が誰ひとりいない、という会社はおそらくないでしょう。経営者の強い願い・思いを反映してこれなら不満も出ないだろうという賃金制度を整えたつもりでも、まず不満は出るだろうと考えなければなりません。

賃金額の決定は、一般的には公開の場で討議されず、発表もされません。賃金も含めた人事制度をつくるには、それぞれの会社の基本的な理念が土台になり、それは経営者がまとめるべき性質があるはずです。

たとえば、経営者が「わが社では、やればやっただけ、実績・成果を積み重ねたら適正に評価し、処遇（昇給、昇進昇格）する」と宣言したとします。そのとき、どういう社員が不満を持つかが問題です。

◯A社員……やるべきことをやり、成果も上げたが、処遇がよくならない。

この場合は、大至急その問題点を分析し、解決策を打たなければなりません。人事制度の見直しです。A社員の不平不満を解消しなければ、A社員はどうするでしょうか。

・自分の将来のことを考えて退職する
・「がんばって成果を上げよう」という考えを捨てる

どちらにしても、会社にとっては大きな損失となります。

◯B社員……やるべきことをやらず、成果も上がらず、そのため処遇が悪い。

まさか、この場合は不満は出ないでしょう。普通だったら、そう思います。しかし、出るのです。

B社員の不平不満はＯＫです。むしろ、どんどん出てこなければなりません。出るほうが、正しい人事制度だといえます。

対応としては、はっきりと次のように伝えることです。

「あなたの評価は□□ですから、昇給は△△です。次回は、成果を上げて評価を高め、昇給も賞与も増やせるようにがんばってください」

「どうですか。やるべきことをやって、がんばりますか。会社としても指導・支援を惜しみません」

わたしの経営指導の経験によると、B社員の具体像が浮かび上がってきます。それは「入社歴10年以上の社員」です。つまり、積み上げ方式で賃金が上がってきた社員です。与えられた仕事を確実にやってきたという自負を持っています。

しかし、経営環境の変化、自社の業績低迷などの状況になったとき、B社員を評価すると、見直しせざるを得なくなります。売上高や粗利益が減ったら、賃金を上げられませんし、賞与も少なくなるのです。

問題は、社員にどのように説明をするか、です。

業績低迷によって賃金の原資が少なくなりました。これに対して、社員からは、今までどおり、いや今まで以上にがんばってきました、それを認めてください、と問われたさいには、どう対応しますか――。

繰り返しですが、答えはただひとつ。

「成果を上げてください。そのための指導はします。成果に応じて処遇します」

09 人事制度の運用は管理者がする

一般的に、人事制度づくりは人事部の業務です。大企業の人事制度や教科書的なものを参考にしたり、外部の人事コンサルタントの考えを参考にしたりすることはあるでしょうが、本書でも何度か述べたように、自社の都合・事情と経営者の思い・願いを反映した内容にするべきです。

その点を前提にしたうえで、人事制度の構築が人事部の業務だという根拠は、人事・賃金などに関する専門的な知識・技術が必要とされるからです。

知識・技術を身につけるためには、専門書がたくさんありますし、手本となる例やセミナーも多く見受けられます。しかし専門的ですから、人事部の業務として初めて取り組むにはむずかしく感じられるでしょう。そして何より、よりハードルが高くつくって（構築して）終わりではなく、適正に運用することがむずかしいのです。

部・課など会社の他の現場（社員）から、日々、人事・処遇・賃金について、さまざまな疑問・質問が出てきます。一般論でいえば、それらに答えるのは人事部の担当者になります。

しかし、わたしは、これが大きな間違いだと考えます。

ある社員が、直属の上司・管理者に質問したとしましょう。

「わたしが、この売上高目標を達成したとき、どのような処遇を受けることができますか。昇給・賞与の評価はどうなりますか」

それに対して、上司・管理者はどう答えるべきでしょうか。

「それは人事部に行って聞いてくれ」

もし、そんな返事をしたら、せっかくの部下指導のチャンスを失うことになります。管理者失格です。

その社員が人事部に行って同様の質問をすることができるでしょうか。まず、できません。質問したとしても、変な目で見られるだけです。

ただし大切なのは管理者としては、待ちに待った質問だととらえるべきです。社員が自ら目標にチャレンジしようという意欲を持っている、それを確認できたのですから。歓迎すべき発言です。

ですから、すぐに答えましょう。

「目標を達成したら、評価が高まり、賃金は□□くらい上がります。昇格できる要件を満たす可能性も出てきます。わたしの立場からも応援します」

と、指導を続けるのです。

このような流れが、人事制度が上手に運用されているということです。組織において管理者の役割が明確になります。その役割とは、部下を成長させ目標を実現することなのですから。

経営者の頭の中に「がんばっていれば、処遇はあとからついてくる」のメッセージがあるだけではなく、オープンになった人事制度の運用が必要なのです。管理者には、そのための権限を与えるべきです。

10 管理者の評価は調整ではなく仕組みによってする

わたしの経験則からいうと、企業規模が小さいときのほうが社員の成長は早いものです。その理由はシンプルです。

○どんな成果を上げなければならないか、常にアナウンスされている。
○成果を上げたら、すぐタイムリーな処遇がある。
○成果を上げるためのやり方の共有化がスピーディーにできる。
○社員全員でいっしょによくなろうという意識が強い。
○経営者の価値観・考え方が十分に理解されている。

企業規模が小さいときは、経営者が経営のあらゆる役割を担っています。社員が意欲的に働くための心くばりもきめ細かくできます。だからこそ、事業が発展し、社員数も増えていくわけです。

そうして社員が増えたときには、経営者の発想の転換がポイントになります。組織が大きくなれば役割が分担化するからです。そのほうが、組織としての目標を達成しやすくなるのです。

まず最初に分かれていくのが、お金に関する経理・財務部門です。

次が、人事・総務部門です。この部門の最大のテーマは、それまで経営者が社員を採用し育ててきた仕組みを可視化することです。

人を動かす仕組みづくりとその運用は、人事・総務部門にとって永遠のテーマですが、基本・根本は経営者の考えを全社員にわかりやすくオープンに伝えることです。

そのノウハウを伝授する役割を担うわけです。

そして、そのノウハウを部・課など現場で実施するのが管理者です。ここで、管理者の評価・処遇が適正かどうかという課題が浮上してきます。管理者の評価する能力が足りなければ、その評価を処遇にリンクできないからです。

その場合、いつになっても管理者の評価を経営者が調整してしまいます。調整に理由は説明できません。頭の中でやっているからです。社員の処遇は、その調整後の評価でされることになります。

社員（部下）がそれを知ると、管理者（上司）の指導を本気で受け入れにくくなります。指示・命令系統がぎくしゃくします。つまり、管理者のスカートの裾を踏んでいるのは経営者自身になります。

わたしは、「経営者は調整をやめよう」と提言しています。調整ではなく、管理者が公正・公平な評価ができる制度・仕組みに改善しなければなりません。管理者が持ってきた評価結果一覧に経営者が納得できるようにするのです。

ポイントのひとつは、管理者に全社員の評価の決定をさせることです。管理者の個々が自分の評価に責任をもちながら、全管理者によって評価のバラつきをなくす方向にするわけです。

かなり紛糾するケースも出てくるでしょうが、評価決定会議を重ねるごとに、全社統一の評価コンセンサスができあがってきます。これが、実のある評価者訓練です。

昇給・賞与、昇進・昇格の決定の起案は、経営者から管理者に権限委譲していくなど、管理者が成長する仕組みともなるのです。

11 結果だけではなくプロセスをほめて評価する

社員が仕事にやる気を出すのは、どんなときでしょうか。そのひとつは、成果を上げ、上司にほめられたときです。仕事への意欲がうすくても、偏屈であっても、ほめられればうれしくなるものです。

上司からすれば、ほめるとは評価することであり、認めることです。人は、他者から認められたい欲求があり、それが満たされると快感が生まれ、また認められよう、ほめられようとします。部下を育てることが上手な管理者は、いつの時代もほめ上手なのです。

近年は、ほめ上手の管理者が減ってきたようです。なぜかというと、何をほめるかが見えにくくなっているからです。

以前は「結果」でした。たとえば、部下の営業成績がよかったら、ほめます。成長期にある業界であれば、売上が上がる機会は可能性は高く、ほめる機会も増えるというものです。

その業界が成熟期になると、成長率は鈍化し、昨対１００パーセントを割ることも多くなります。ほめる機会は減るでしょう。ほめ上手だった管理者も、部下のやる気を引き出す手立てのひとつを失ってしまいます。

経営者としても、現場をみるとその雰囲気に気づきます。管理者に対して、社員の意欲を向上させやる気を出させるように指示することになります。しかし、管理者としては打つ手がなかなか見つからないのです。

具体的な解決策のひとつであり、また有効なやり方があります。管理者がほめる対象は「結果」ではなく、「プロセス」だということです。

いままでどおりのプロセスであれば、同じような成果しか期待できません。より高い成果を上げるためには、プロセスの改善・改革が必要になるわけです。

管理者は、部下の細かい行動の一つひとつに関わり、指導していくのです。そして、できなかった行動ができるようになったら、ほめるのです。

「よい結果がまだ出ていないのに、ほめていいのか」という疑問・質問に対しては、「それで結構、ほめていい」と答えます。ほめる行動がひとつふたつと増えていけば、いい結果・成果が出る可能性は格段に高まります。

ここでのポイントは、部下が何をしたら、つまりどのような行動をとったら成果が上がる方向につながるか、です。部下に対して「自分で考えろ」というだけで終わるのであれば、管理者失格です。

成果を上げるための行動、または業務の具体点をあなたの会社の人事評価シートに明記してください。それがしっかりまとめられていれば、全社的に部下をほめるポイントが管理者の指針になります。

ほめられることで、部下はやる気を出します。いつの時代も変わりません。近年、管理者になりたくない、管理者をめざさない社員が増えているデータがあります。

管理者に向く社員が少ないと嘆くばかりでは、会社としての成長はありません。管理者の能力を高めるためにも、自社にとって成果を上げるやり方を確立させてください。

12 よい叱り方のためにはマネジメントの研修だけに頼らない

『上司が鬼にならねば部下は動かず』という管理者向けの本がベストセラーになったことがあります。情に流されず、部下の成長のためにはきびしく対応しなければならない上司の条件がテーマです。

それほど、叱れない上司が増えているのです。たぶん、今後も増えていくでしょう。叱られたことがない世代が上司（管理者）になっていくわけですから。

ちょっと叱られただけで会社を辞めてしまうケースも珍しくありません。叱り方や程度の問題があるにしても、そのさいのセリフ「いままで他人から叱られたことはありません。両親にだってありません」には驚くばかりです。が、驚いたあとは、会社として上司としてとるべき実行策を練りましょう。

まず、管理者がなぜ叱ることが必要なのかを確認します。

ある統計によると、自らの努力によって成長し実績を上げられる社員が3パーセントほどいるそうです。しかし97パーセントの社員はそうではないのです。つまり管理者は、この大半の部下が不足していることや問題点を指摘できなければなりません。考え方や行動の改善を迫り、うながすこと。これが、叱るということです。

感情が先走って相手を非難することではありません。それは「怒る」ことであり、部下からすれば恐怖を感じたり、反発心が生じたりするだけです。怒ったあとでどんなにすばらしい指導教育をしても、おそらく効果はないでしょう。

経営の現場でよく耳にする話があります。管理者から「あいつ（部下）は叱ってもダメ。時間をかけても馬耳東風です」と伝えられた経営者が「じゃあ、どう指導するんだ」と返すと、「無理ですね」

経営者としては、ここであきらめるわけにはいきません。何とか、管理者に叱り上手になってもらいたいわけです。

叱るという管理行動については、マネジメント研修だけでは習得されることはありません。実践のなかで身につけていくべきものだからです。

どんな叱り方がいいのか、確認します。

第一に、部下が間違った行動をしたら、すぐに叱ること。これが原則です。管理者が問題を感じたものの対処が遅れると、その後の指導の道筋がはずれて悪影響になります。部下も、同じような間違いを起こすかもしれません。

第二に、愛情をもって叱ること。部下のためを思って指摘して、改善をうながすのです。そうすれば、部下も素直に真摯に受け止めるでしょう。

第三に、理性的に問題点を指摘すること。雰囲気が感情的になると、枝葉末節なことまで気になってねちねちと言葉が出てきかねません。これでは、叱ったことになりません。部下には冷静に自分の問題点を受け入れてもらわなければならないのです。

よい叱り方の土台として、人事評価シートが役に立ちます。部下に対して重点的に指導しなければならない評価ポイントを決めておくのです。評価要素に問題がなくなれば、指導教育が効を奏したことになります。部下も指導の連続性を感じることができ、成長の糧になります。

13 人間の評価ではなく特定の業務を評価する

組織には「2：6：2の原則」があります。規模には関係ありません。あなたの会社にもあるでしょう。

高い業績を上げる社員が2割、平均的な業績の社員が6割、業績の低い社員が2割——具体的な社員の顔や名前が浮かんできませんか。

会社の業績はすべての社員の業績の合計です。単純に考えると、業績の低い社員が伸びれば、全体の業績は向上します。

過去においては、この2割の社員への指導教育が棚上げ状態だった会社が多かったものです。管理者が「彼は指導しても無理です」とサジを投げ、場合によっては部下もその評価を素直に受け入れて自分の能力を過小評価します。

しかし、継続して成長している会社は、業績の低い社員への対策を常にとっています。それは、どういうものでしょうか。

まず、会社に不要な人材などはいず、その社員に適した仕事がないため、ととらえるのです。対策の基本は3つです。

Ａ：指導教育によって平均的な業績を上げる社員に育てること
Ｂ：本人の適性・能力に合わせた業務を見つけ出すこと
Ｃ：退職してもらうこと

Ｃは、本人にとってきびしく、冷たく感じられるかもしれません。しかし、それはもともと評価に対する考え方が正しくないのです。

ここでの評価は、人間に対する評価ではなく、あくまでひとつの会社のなかの特定の業務に関する評価です。ある会社で評価が低くても、別の会社に転職したら大きな成果を出した――なんてザラにあることです。あなたにも思いあたる人はいませんか。低い評価のまま自社にとどまらせるほうが問題です。その社員にとっても、人生の機会損失といえるかもしれません。辞めさせる前提ではなく、「状況が許せば、本当に自分に合った能力を活かせる仕事を見つけてください」と伝えるべきなのです。

ＡとＢに関しては、シンプルです。管理者がその気になって指導すればよいだけのことです。

そのさい必要になるのが評価シートです。社員に期待される成果、成果を上げるための重要業務（やるべきこと）、その業務を遂行するための知識・技術、そのときの好ましい勤務態度を明示しておくのです。

これらのポイントを本人に理解してもらい、改善するために指導するわけです。意欲だけをうながすのではなく、やるべきこと、知識・技術、勤務態度を共通認識として確認するのです。

今の業務に適性がないことが見えてくれば、AではなくB、つまり配置転換をしなければなりません。適職がなければ、Cになるので、管理者としても当の部下にしても、心を込めて対応すべきことです。

14 成果主義の導入だけで満足しない

「昇給・賞与のための評価、昇進・昇格のための人事制度づくりに、成果主義を導入しました。当初、優秀で実績を上げている社員は喜びました。これで、わが社の業績も向上すると期待しました。ところが、いつのまにか成果主義にする前の状態（雰囲気）に戻ってしまいました」

そう嘆く経営者が後を絶ちません。

こうした経営者の間違いは、成果主義を導入すればそれだけで、社員はやる気になり、あるいは危機感を抱いて、会社の売上高・業績が上向くだろうと考えたことです。成果主義を取り入れることは、けっして魔法の経営手法ではありません。

どのような制度であっても、効果をもたらすのは、組織の事情に合った内容をつくったあとに正しく運用することです。その過程で、社員のやる気が〝動機づけ〟となるのです。

〝動機づく〟ことについて、営業の例を挙げてみます。

売上不振だった営業部員が、たまたま知人の紹介でラッキーな受注をしました。本人の営業努力とはほとんど関係のない受注だったとしても、気持ちは高揚します。次は自分の力で受注してみようと、意欲もわいてくるというものです。

〝今後の可能性〟が、人の意欲を生み出すのです。逆に、それまでのやり方で売上が上がっていなければ、可能性の見つけどころもなくなりそうで、意欲が萎えてしまう恐れは常にあります。

成果を出せば、昇給・賞与に反映し、昇進・昇格にもつながる。だから、やる気を出してくれ。――こうした形だけではなく、意欲を持たせる〝動機づけ〟が制度運用のなかで伴わなければならないのです。

経営者・管理者としては、社員・部下への評価シートに基づいて説明し、適切な運用をします。運用とは、指導教育によって業績を上げてもらうことです。

各部署の重要業務（やるべきこと）を確認させ、実行させます。やるべきことが明らかになったからといって、そのとおり全部できるかといえば、できません。「知る・わかる」と「できる」とは違うのです。

「できる」ように助言し、指示し、行動させ、こうすればいいんだと気づかせること。そして、業績・成果を上げてもらうこと。それが、正しい運用です。

会社全体の売上が上がらなければ、成果主義による賃金増はありません。ひと握りの成果アップ社員だけではなく、多くの社員がそうなってこそ、なのです。

15 こんな時代だからこそ終身雇用を再評価する

日本の会社の雇用についての慣行・特徴に、昇給や昇進に関する年功序列とともに終身雇用制があるといわれてきました。日本に特有であり、いまや時代遅れの古くさい制度だとも。

しかし、2つの誤解があるようです。

ひとつは、最近の調査によると、終身雇用は何も日本に限ったことではなく、アメリカやヨーロッパの企業にもみられる制度であるとわかっていること。終身雇用には、企業の存続・成長にとってメリットが多くあるということでしょう。

もうひとつは、日本での終身雇用は崩壊したといわれていること。

終身雇用の制度としては、入社したら、その会社のなかで教育訓練を受け、会社のシステムや風土を学び身につけ、定年になるまで働き続ける、という30～40年にわたる流れになります。

過去も現在も同じですが、ほぼすべての人が入社した会社で定年を迎えるとは限りません。とくに中小企業では、以前から人材市場は流動化していて、転職は珍しくありません。

近年では、大企業であっても、退職・転職は増えています。

しかし、それらをとらえて、終身雇用制度は終わったとはいえません。なぜなら、その会社での仕事が自分の性に合っていて、能力も向上し、処遇（昇給、昇進・昇格）もよいのであれば、社員は継続雇用を望むでしょう。

会社側・経営者としても、ぜひこのまま勤務してほしいと考えます。つまり、労使の思いが一致すれば、終身雇用です。思いにズレが生じれば、どちらかが継続雇用を望まなくなります。

いまに始まったことではなく、終身雇用制度が疑われなかった時代でも同じことです。違いをいえば、〝窓際族〟を抱える余裕がなくなった企業は増えているかもしれませんが。

わたしは誤解と考えますが、終身雇用制度は終わったといわれる時代だからこそ、「弊社は終身雇用です。入社した人は、定年までわが社でどんどん成長していってほしい」とアピールすればいいのです。採用時の差別化にもなります。

自社で能力を磨き、実績を上げて、処遇にも満足する——そんな社員が多くなるほうが、会社としてもありがたいでしょう。会社の存続・成長の役に立ってもらえます。


「過去の成功体験を捨てろ」と、多くの経営者は考え、発信しています。現在の経営環境は簡単に過去から学べるようなことは少ないのです。参考にできる業界の事例もあまりありません。これからの経営戦略は、ほとんどが挑戦となるでしょう。

本章で一貫して述べてきたことは、その挑戦の土台となる人事制度づくりの大事なポイントです。あなたの経営に活かしてください。

第3章
労務リスクの発見・チェックでトラブル回避！

近年、全国で年間100万件を超える労働相談があります。「賃金未払い」「保険未加入」「労働契約違反」などで会社が訴えられるケースも増えています。

経営側・会社側に悪意がなくても、実態として違法状態であれば、是正措置を指摘されるのは避けられません。未払い残業代が何人もから請求されるような場合、負担に耐えられず、経営に打撃を与えかねません。

わたしの事務所でも、労務管理トラブルへの対応は大きな課題です。一見、しっかりしている会社でも、予想のつかない事案が生じることがあります。「ウチは大丈夫」と考えず、ぜひ本章の項目を押えてください。

自社の人事・労務システムのどこにリスクが潜んでいるのか。状況・問題点を把握することが、大きな意義です。

外部機関や専門家にゆだねなくても、経営者自身、自社スタッフでチェックし、対応できます。本章の項目を、そのお役に立たせてください。

01 労務リスクをチェックする

リード文でふれたように、「労務トラブル」は増加の一途をたどっています。社会環境、経済状況の変化にもよりますし、世代間のギャップの影響もあるでしょうし、働き方の意識の違いにもよるのでしょう。

わたしの事務所に寄せられた経営者側・会社側からの相談をいくつか挙げてみます。

（1）辞めた社員が労働基準監督署に駆け込み、高額な未払い残業代を請求された

（2）解雇した社員が「不当解雇だ」と争いを起こした

（3）社員が外部の労働組合に加入し、その組合から団体交渉を求められた

あなたの会社でも思い当たるケースがありませんか。これ以外のトラブルもあるかもしれませんね。

労務トラブルの原因としては、就業規則や雇用契約の内容の不備によるものが少なくありません。旧来型の雇用管理・雇用ルールのままでは大きな問題が生じる場合もあります。

法律面から見ると、労働法に関する動き・変化にはとても激しいものがあります。労働契約法の制定、パートタイム労働法の改定、男女雇用機会均等法の改正、働き方改革関連法の制定……など。会社として法制度の改正などへの対応を図ることは、コンプライアンス（法令遵守）面から大事な経営課題です。

また、過労死やメンタルヘルス障害の防止などの観点からも、労務管理の違法性について確認しなければなりません。

ひと昔、ふた昔前までは、税金や社会保険料などの福利厚生費が高い、払うと経営に影響が出てくる、という会社がたくさんありました。それは、会社の基礎体力として問題ですが、労働法に関わるトラブルはもっと深刻です。大きな労働トラブルは会社を〝一発倒産〟に追いやりかねないからです。

会社が、意識せずに法令違反をしている場合もあります。

残業手当の正しい計算方法を知らないままだと、手当を含めずに給与計算をした結果、残業代単価を算出する数値が実態とかけ離れたりします。違法性を意識せずに、労働基準法違反をするわけです。

その結果、「労働基準監督署から是正勧告を受ける」「2年分の未払い賃金支払い命令を受ける」など会社に危機をもたらす労務リスクを内在させてしまっているのです。「小さな会社」では身近なものではないかもしれませんが、新しい企業活動において労務リスク検討の重要性が指摘されています。IPO(株式公開)、M&A(企業の合併・買収)、内部統制に関するテーマです。

株式市場に上場するさいはきびしいコンプライアンス面から審査がありますし、M&Aにおいては企業価値とリスクが詳細に調査されます。

日々の労働環境においても、新しい企業活動においても、労務リスクのチェックは基本であり、重要なのです。

02 労務監査ポイントをおさえておく

人事・労務に関するリスクを総合的・網羅的にチェックするのが「労務監査」です。具体的に何を監査するのか、以下に整理します。

まず、労務管理の何を見るかですが、2つの目的があります。

○適法性（準拠性）……対象は「民法、労働社会関係諸法令、社内の規程類に規定されている事柄に対する、労務管理の諸制度または管理活動」です。

○妥当性（合理性）……対象は「経営上の理念・計画・指針等に照らして労務管理活動に関する諸制度・諸基準または日常の運用状態」です。

つまり、法律や法令に反していないか、また通常の労働環境とはいえないほどの著しい落ち度がないか、をチェックするわけです。

次に、金銭評価という点から労務リスクを見ます。その労務リスクは金銭面で対応できるか、できないか、です。

○金銭評価における労務リスク

〈法違反によるもの〉……未払い割増賃金、解雇予告手当・休業手当・休業補償など、代休振替未消化残、未払いの労働保険料・社会保険料、その他の法違反により発生した労働債務

〈雇用契約上の理由によるもの〉……未計上の退職給付債務、労働協約・就業規則・労働契約に違反する賃金・手当、福利厚生施策など、その他の民事的な労働債務

○金銭評価できない労務リスク

〈法違反によるもの〉……就業規則や賃金台帳などの未整備、36協定違反、セクハラ、その他の労働関連違反

〈民事的なトラブル〉……解雇や雇い止めをめぐるトラブル、過重労働、パワハラ、その他の民事的なトラブル

次に労務監査の具体的な対象項目を挙げます。それぞれのポイントのチェックは次項以降でふれます。全部を対象にすると、相当の時間と労力を要するので、会社の実態と許された期間・時間の兼ね合いで、いくつかの点にしぼることにします。

○企業（組織）経営の諸基準
○雇用管理
○就業規則その他、諸規程類、労働契約
○労使協定、労働協約

○労働保険、社会保険
○労働時間制度～勤務と休日、年次有給休暇制度、その他の休暇制度
○人事制度、教育研修
○賃金制度
○男女雇用均等法関連
○安全衛生管理
ほかに、個別労使関係、個人情報保護関係、機密防衛対策、下請会社・関連会社への出向、などがあります。

03 会社概要・経営理念・経営計画などを確認する

3項から8項にかけて、具体的な労務監査のポイントを述べていきます。

経営者自身、あるいは自社スタッフが、つまり内部（自社）で労務監査をすすめています。また、社会保険労務士や中小企業診断士など外部に依頼した監査人が、対象

企業を労務監査するケースにも対応できるように記します。

本項は、会社概要・経営理念・経営計画など、会社の土台あるいは骨組みといったテーマです。具体論のひとつであり、かつ、ほかの具体論を検討し決定するさいの前提、企業経営の根本的な材料ともいえます。

確認することは、企業プロファイルです。

○どのような業界に属しているか
○どのような業態でビジネスをおこなっているか
○どのような経緯で現在に至っているか
○どのような経営理念・経営ビジョン・経営計画を有しているか
○業績はどうなっているか

などについて整理します。

整理した内容は、企業パンフレットや企業ホームページなどに記述し、公開し、いつでも確認できるようにします。

その構成は、たとえば以下のような項目になるでしょう。

○概要……名称、代表者、所在地、電話番号、ＦＡＸ番号、メールアドレス、ホームページ、など

○事業・サービス内容……できるだけ細分化して記します。主な実績を挙げるのもアピールになります

○会社案内……設立時、情報管理体制、社員メンバー、経営理念・信条、経営方針、など

○代表者あいさつ……会社の責任者として、会社案内を補足したり、また自身の経歴などを記したりします。そうすることで、企業プロファイルに血肉を通わせる役割にもなります。

また、経営計画書と決算書（３期分）を整えておきます。金融機関とのつきあいに必要になりますし、新しい取引先との交渉のさいの資料になるかもしれません。

そのほか、必要に応じて、あるいは会社アピールの材料として、それぞれ用意してもよいでしょう。

04 組織・人員構成・雇用契約などを確認する

会社は組織であり、組織は人によって構成されます。会社が人を雇い、反面、人が会社で働く場合、雇用契約は必須です。それらに関わる労務監査のポイントを確認していきます。

まず、会社組織の機能と役割、人員構成（役職者、非正規従業員、非雇用人材、男女別）、人件費の3点を明らかにします。

これらは基礎情報です。言い方を変えれば、どのような人員構成・コストで、どのような機能を果たしているか、を確認する資料でもあります。

この基礎情報・資料の段階で、経営改善の必要性が出てくる場合もあるでしょう。つまり、とるべき経営戦略と実際の組織形態が合致しているか、ズレがあるか、検討するわけです。

確認資料を挙げると、以下のとおりです。

○組織図
○従業員に関する基本データ……生年月日、性別、入社年月日、期間の定め、学歴、コース・資格等級、所属、役職・役割、保有資格、など
○賃金に関するデータ……月例基本給、手当、割増賃金、賞与、など
○雇用契約書例（正規、非正規）の現物を数点
○求人広告や求人票の現物を数点
とりまとめる内容は、次の3点です。
○部門別の人員構成……役職別、正規・非正規・非雇用別
○部門別の人件費……部門別の付加価値がわかれば、労働分配率も把握できる
○従業員種類別の雇用契約の内容……期間の定め、定年、継続雇用、賃金形態、適用規則、など

基礎情報のほかに、とりまとめておきたいものが3点あります。

①キーパーソン一覧表

企業が市場で存続するためには、技術力や営業力、あるいは許認可などのキーとな

る機能（キーファンクション）が必要です。その機能を支える人材（キーパーソン）を失うと、会社自体の存立が危うくなる場合もあります。

キーパーソンは役員や役職者とは限りません。特殊な技能のあるベテラン技術者や、豊富な人脈をもつ営業マン、希少な公的資格を取得している人、などもそうです。

② 人材増減一覧表

従業員の定着率は、人事労務マネジメントの重要な指標です。定着率の低さが問題になる一方、一定の離職率は健全な新陳代謝の証左として評価できます。ただし、有能な人材や中堅どころの離職が頻発すると、マネジメント上、危険です。

③ 教育訓練実施一覧表

過去3期分の内容、予算、支出金額などを確認します。社員の成長をみる材料になります。

05 賃金・退職給付債務などを確認する

賃金は、割増賃金未払いの問題、賃金構造の問題とともに、労務監査の主要テーマです。従業員の関心が最も高く、その内容が仕事へのモチベーションに大きな影響を与えるからです。

絶対的な賃金水準と過去の運用（昇給）実績は、今後の賃金のあり方に反映されます。賞与については、企業間格差が大きく、賞与支給が不十分な会社の場合、生活に困窮する従業員の割合が高くなっている可能性があります。

賃金にしても賞与にしても、たんに合計数字だけではなく、個別の状況をきめ細かく見なければ実態を把握できません。

賃金に関する一般的な問題点は、主に3つです。

①**構造のゆがみ**……男女によって、年齢によって、職種によって（特定職種が優遇される）、手当類の機能が不明確、中途採用者の水準（高すぎるケース）、など

②**運用のゆがみ**……昇給（一部の従業員に偏る、業績不振のため）、賞与、昇進・昇

格、など

③評価のゆがみ……評価者が人事評価の原則を理解していない、評価のフィードバックが適切でなく被評価者の納得感がない、など

これらのゆがみを正すには、賃金制度（賃金表）と評価制度を整え、賃金・昇給・賞与を誰がどのように決めているかを明らかにし、過去3年間の実態を整理し、従業員に説明することです。業界平均との比較も大切です。

退職金等の退職給付に係る債務は、最大の労働債務のひとつです。要支給額（退職金ないし退職年金の規定）と原資確保（内部か外部か）とが、課題として挙げられます。

確定拠出型の制度（確定拠出年金や中小企業退職金共済など）を採用していれば、資金の拠出で企業の責任はそこまでで、簿外債務はありません。ただし、退職時に別途現金支給する慣行がある場合、金額算定をします。

確定拠出型ではない制度を採用していれば、退職給付債務は内部か外部に引き当てられ、積み立てられた金額を差し引いたものが簿外債務になります。

「小さな会社」では一般的に、簡便法（基準日に、従業員全員が自己都合退職をした場合の支給額の合計を退職給付債務とする）で試算します。ただし、計上されていないことが多く、試算額がそのまま簿外債務になります。

退職金規定の整備が不十分だったり、規定がなく経営者がその都度の判断で金額を決めたりするケースも、ままあります。従業員の立場からは「退職金としてある程度の金額をもらえる」意識をもつので、トラブルになりやすいのです。

そうならないために、退職金（退職年金）の規定、中退共などへの加入実績、企業年金の決算書報告、いままでの支給実績、保険契約、原資などについて確認しておきましょう。

06 就業規則と労働時間管理などを確認する

就業規則（関連規程を含む）は、労務監査の基盤のひとつです。改定のプロセスも重要です。確認のポイントは、次のとおりです。

○就業規則の種類と従業員の種類ごとの適用範囲
○絶対的記載事項、相対的記載事項、その他の内容
○労働協約、就業規則、労使協定、個別の労働契約について内容の整合性
○事務所ごとの作成・届出がなされているか
○従業員過半数代表者の選定プロセスが適法か
○就業規則の周知が充分におこなわれているか

ほか、人事、服務、労働時間・休息・休日・休暇、賃金、退職金などについて、細かなポイントがたくさんあります。

とくに、労働時間についての確認が重要です。労働の価値を時間あたりの単価で考えるのが現在の労働法で、労働と賃金支払いを関連づける基礎構造だからです。未払い割増賃金問題を考える出発点にもなります。

確認のポイントは、以下のとおりです。全従業員を調査するか、問題のありそうな特定部署を対象にするか、サンプル調査で全体を類推するか、会社の都合・事情に合わせた監査の方針によります。

○どの従業員にどの労働時間制をとっているか。その内容は、法令、労働協約、就業規則、雇用契約に合致しているか
○月における労働時間の端数処理は正しいか。30分未満あるいは15分未満の時間外労働を機械的に切り捨てていないか。終業時刻後、30分（1時間）経過時点から残業時間をカウントしていないか
○労働時間に関する労働協約、就業規則の規定があるか
○変形労働時間制、裁量労働制、フレックスタイム制などに係る労使協定
○年間（月間）休日カレンダー、シフト表、タイムカード、自己申告性の場合の労働時間管理表、残業（休日出勤）申告書・命令書、などが整っているか
○賃金台帳に労働時間（残業時間）の記入があるか
○一斉休息の適用除外の労使協定、代休・振替休日の手続き・取得方法・様式類は整っているか

未払い割増賃金の発生はリスクなので、以下の要因を把握しておきます。

・単純な未払い

・労働時間算定の誤り
・割増賃金単価計算の誤り
・割増率の誤り
・管理監督者が法令の要件を満たさない（名ばかり管理職）
・労働時間外の部分が労働時間とみなされる
・休日労働に関する割増賃金

いずれも、規程や法令に立ち返って確認しなければなりません。残業時間・休日労働時間・深夜労働時間を集計した結果から賃金計算をして検証することです。タイムカード、賃金台帳の現物かコピーが原則的な資料です。

07 労働保険・社会保険を正しく適用する

労働保険（雇用保険）についての確認ポイントは、次のとおりです。

①労働保険の適用は正しくなされているか
②業種区分（保険料率）は正しいか
③被保険者資格の取得・喪失手続きは正しくおこなわれているか
④年度更新手続きは正しくおこなわれているか
⑤雇用保険に加入すべき労働者が未加入に放置されていないか

これらを確認するための資料・事項は、以下のとおりです。

○雇用保険被保険者資格取得届
○年度更新関係書類
○労働保険料の算定基礎額に、盛り込むべき賃金をすべて入れてあるか
○資格取得日と入社日とが合致しているか
○使用人兼務役員についての雇用保険・労災保険の適用は正しいか。役員以外の賃金

部分を算定基礎額に含めてあるか

○雇用保険を適用すべき労働者に適用しているか。とくに、パート・アルバイトなど非正規従業員に注意

○未払い保険料があればその内容をまとめる

社会保険は、法人企業であれば強制適用です。しかし、社会保険料の負担が大きいので、未適用であったり、被保険者とすべき労働者をそうしていなかったり、違法例が見受けられます。

強制適用事務所における労働者で、1週間の所定労働時間および1か月の所定労働日数が同じ事務所で同様の業務に従事している正社員の4分の3以上である方は、原則として被保険者とされます。パートなど非正規従業員も同様です。

適用手続きと保険料の徴収納付は事業主に義務づけられています。保険料の負担は、事業主と被保険者（従業員）が折半するものですが、手続きと納付は事業主がすべきものなので、未納の場合は企業リスクになると考えられます。

新たに社会保険の適用事務所になった場合は、過去の分についてまで年金事務所から遡及適用されるかといえば、その可能性は高くないでしょう。

従業員個人が、会社に対して過去にさかのぼって加入を要求するケースや、日本年金機構に申告するケースは考えられます。その場合、本人負担が発生しますし、ほかの従業員にまで拡大されて適用されるかといえば、今のところ考えにくいでしょう。

また、会計検査院の調査の対象になり、過去2年分を遡及しての適用を求められることはありえます。全体的傾向として行政調査は厳格化していますので、会社には今まで以上に適正な管理体制が求められます。

08 派遣・業務委託・請負などについて行政指導を受けない

派遣労働者を受け入れていた場合、労働者派遣法に違反する状態を放置すると、派遣労働者から派遣先企業に対して、労働者としての地位保全を求められる可能性があります。また、行政指導を受けたり、違法の企業として公表されたり、などのリスクが生まれます。
次のような要求を満たしているか、チェックし、問題点があれば明らかにします。

○派遣会社は許可を受けているか
○事前面接をしているか
○派遣会社との間で適切な労働者派遣契約をしているか
○派遣受け入れ期間の制限に抵触していないか
○派遣先責任者の選任、派遣先管理台帳の作成をしているか
○労働者派遣契約で決めたとおりの働き方になっているか
○労働時間管理を適切にしているか
○雇用契約の申し込み義務違反をしていないか
○労働者派遣契約の解除をする場合、一定の要件を満たす措置をとっているか

業務委託・請負をしている場合、偽装請負とみなされると、請負業者の労働者から元請け企業に対して、労働者としての地位保全を求められる可能性があります。また、

行政指導を受けたり、違法の企業として公表されたり、などのリスクが生まれます。そのような要求を満たしているか、チェックし、問題点があれば明らかにします。「行政の基準」（昭和61年労働省告示第37号）の2点を満たしているか確認します。

①自己の雇用する労働者の労働力を自ら直接利用すること

・業務遂行の指示管理を自らおこなう
・労働時間等に関する指導管理を自らおこなう
・企業における秩序維持の確保等の指示管理を自らおこなう

②請負業務を自己の業務として注文主から独立して処理すること

・業務処理資金をすべて自己責任で調達・支弁する
・業務処理について、民法等の法律に規定された責任を負う
・次のいずれかに該当し、たんに肉体労働を提供するものではない
（1）自己の責任・負担で準備調達する機械・設備・器材または材料・資材により業務を処理する
（2）自らおこなう企画または自己の専門的な技術・経験に基づいて業務を処理する

以上のほかに、注意すべき問題・課題を挙げておきます。

○労働組合問題……労働協約の内容を一覧表にします。また、経営に影響を与えるポイントについてはコメントを作成します

○過去の労務トラブル、労働関係官庁からの指導歴……過去の主なものについて一覧表を作成します

○労働関係助成金の受給状況……過去のもの、現在のものを一覧表にします

09 労務管理で社員を成長させる

ここまで、労務リスクをチェックすることの大事さ、具体的なポイント・確認事項、とりまとめの内容を述べてきました。

労務リスクを軽減する第一歩は、現状把握から始まります。その第一歩の枠組みは記しましたが、労働法の条文と重要な行政通達は膨大です。より細部の問題点が出て

くるかもしれません。

前項までに取り上げた項目も含めて、会社として取り組む必要があるチェック項目をまとめます。

○労働基準法関連……労働条件通知書・雇用契約書の記載内容、有期労働契約、採用・試用、賃金台帳の法定記載事項、労働者名簿、タイムカード・出勤簿、就業規則等規程類、労働時間・休息・休日、年次有給休暇、休暇、賃金・賞与・退職金、懲戒処分、退職・解雇、休職・復職、服務規律、36協定、裁量労働制、1か月単位の変形労働時間制、フレックスタイム制、1年単位の変形労働時間、特定期間、1週間単位の非定形的変形労働時間制、割増賃金計算方法、労働者代表選任、管理監督者
○労働安全衛生法関係……安全衛生管理体制、健康診断、安全衛生教育、労働時間把握
○男女雇用均等法関係……母性健康管理、性別による差別的措置、セクハラ
○高年齢者雇用安定法関係……継続雇用制度

○育児・介護休業法関係……育児休業制度・介護休業制度、育児時短制度・介護時短制度、時間外・深夜労働制限
○健康保険・厚生年金保険法関係……保険関係加入要件、保険料、保存期間
○その他……異動・配転、外国人雇用、個人情報・情報管理

わたしは仕事を通じて、労使ともに明るい社会、働きやすい会社づくりのための一翼を担いたいと志を立てていますが、社会保険労務士として経営の生現場にたくさん接していくと、法律が求めている理念・理想との乖離《かいり》に驚くことがあります。
しかし同時に、「企業は人なり」との言葉どおり、会社を強く成長させるのは人しだいだと確信するに至りました。今では、「労務管理で社員を成長させる！」「社員の成長なくして会社の発展はありえない」が、わたしの信念です。

会計監査は、法定指導として方法論が確立しています。一方、本章のテーマである労務監査は任意で、定型的な手法はないといえます。どの分野を、どの程度明らかにして、問題をどれだけ深くとらえるかは、監査する人（経営者、自社スタッフのほか、

社会保険労務士など外部も含む）の知識・見識・実力が大きく問われます。
「小さくても強い会社」をつくるために、ぜひ取り組んでください。

10 職場のセクハラ問題の前提を知る

わたしは社会保険労務士・人事コンサルタントとして、数多くの労働現場を見聞し、むずかしい案件にも対応してきました。残業代トラブル、退職トラブルの相談なら何でも来いといえるくらいの自信があります。

しかし、セクハラトラブルについては、なかなかハードルが高いと感じています。「法律では……」というアドバイスだけでは及ばないケースが多いからです。それでも、立ち止まってはいられません。

セクハラ問題の基本から応用までを整理し、セクハラトラブルを起こさない組織づくりのチェックポイント・規程類をまとめました。

セクハラ（セクシャル・ハラスメント）には、２つの基本的類型があります。

①「対価型」

労働者の意に反する性的な言動に対する労働者の対応により、労働者が解雇、降格、減給などの不利益を受けること

②「環境型」

労働者の意に反する性的な言動により労働者の就労環境が不快なものになったため、能力の発揮に重大な悪影響が生じるなど、労働者が就業するうえで看過できない程度の支障が生じること

これらでいう「性的な言動」とは、性的な関係を強要すること、必要なく身体に触れること、性的な事実関係を尋ねること、性的な内容の情報を意図的に流すこと、ヌード写真などわいせつな図面を配布・掲示すること、強制わいせつ行為、強姦、などです。

セクハラは「労働者の意に反する性的な言動」ですから、自由な意思で同意していればセクハラにはなりません。一方で、明確に拒否の意思があればセクハラに該当すると考えられます。

2007（平成19）年4月1日から「改正男女雇用機会均等法」が施行され、男性に対するセクハラも対象とされることになりました。また、企業の責任については、「配慮義務」から「措置義務」に引き上げられました。

「事業主は、（中略）労働者からの相談に応じ、適切に対応するために必要な体制の整備その他の雇用管理上必要な措置を講じなければならない」（改正法11条1項）とされました。具体的には、

○セクハラ防止に関する対応方針の明確化およびその周知・啓発
○相談・苦情への対応、事後の迅速かつ適切な対応
○対応に際して被害者のプライバシーに配慮し、相談・苦情の申出や調査協力等による不利益がないようにすること

などです。事後対応の強化が求められます。

適切な対応の例として、事実関係の調査、必要な懲戒その他の措置、被害者と行為者との関係改善に向けての援助、被害者と行為者を引き離すための配置転換、行為者

の謝罪、被害者の労働条件上の不利益の回復等の措置、再発防止措置、などが挙げられます。

11 セクハラには使用者責任があることを知る

従業員が社内でセクハラ事件を起こした場合、会社が損害賠償責任を追及された事例は数多くあります。セクハラ事件が就業時間内のことであれば、たいてい、使用者としての会社の責任が認定されています。

セクハラについての使用者責任を認める根拠として、一般的には2つの考え方があります。

① セクハラ行為が事業の執行につきおこなわれたとして、民法715条1項の規定に基づく不法行為責任を問うもの

② 労働契約の内容として、使用者にはセクハラのない職場環境の形成・維持の義務があり、セクハラ行為がおこなわれた場合には、その義務違反があったとして契

約責任を問うもの

②は労働災害事件から生まれた考え方です。使用者側は労働者を安全かつ健康に就労させる安全配慮義務を負う、と明確に位置づけられています（平成20年3月施行、労働契約法5条）

①の不法行為責任は、原告が被告（行為者）の故意または過失を立証する必要があるため、一般的には契約責任に比べて原告にとって不利と考えられます。

しかし、セクハラ事件の場合には、被告（行為者）の故意・過失の有無について厳格に立証を求めることが少ないため（立証困難）、①②いずれによっても、結論にそれほどの差異は生じないでしょう。

わたしが関わったセクハラ事件を例にとってみます。

舞台は、従業員約50名（男性約40名、女性約10名）の製造業Z社。先代が築いた組織と技術を守るため、二代目のX社長（息子さん）が苦闘しています。

製造部のY係長が中途入社1年目の女性Wさんに対してセクハラ行為を繰り返し、Wさんは精神的ショックが大きく退職に追い込まれた――として、会社に対して慰謝料・損害賠償を求めてきた、という事案です。

当時の状況をくわしく聞いていくと、Wさんは入社当初から社会人としての常識に欠けるところが多々あり、周囲も困り果てていたというのです。「仕事中に私用の携帯メールをする」「ジーパン姿での勤務を要求する」「上司の指示に対して返事をしない」など、経験を買って中途採用したにもかかわらず、即戦力としての会社の期待を裏切っていたようです。

Wさんは、ほかの従業員より能力が劣ることがわかり、プライドを傷つけられた自らの存在感を示すために、Y係長をターゲットにしました。Y係長は性格上、部下にきびしく注意できないところがあったからです。

内容証明に記されていた「いやらしい目つきでジロジロ見る」「すぐに握手を求めてくる」「休日は何をしているのか細かく詮索してくる」などは、周囲と関わろうとしないWさんへのY係長の配慮を悪意的に解釈した主張でした。

約2年間にわたる訴訟の結果、解決金の支払いで和解しました。会社に使用者責任があるから、仕方のないものでした。

12 セクハラ問題に対応する仕組みを整備する

前項の事例から、教訓を得ることができます。

○採用は慎重に、じっくりと……入社試験や面接でリスクを確認する
○上司には、きびしさも必要……注意すべきときは、きっちりとする
○退職時こそ書面をとる……退職を強要したのではない旨の退職願を提出してもらう

教訓を受けて、セクハラ問題に対応するための、会社の仕組みを整備しましょう。

厚生労働省が示した指針（平成18年告示第615号）に則って、講じるべき措置です。

①職場におけるセクハラの内容と、セクハラがあってはならない旨の方針を明確化し、管理監督者を含む労働者に周知・啓発する。セクハラに関わる性的な言動をおこなった者には厳正に対処する旨の方針・内容を、就業規則その他の服務規律などを含めた文書に規定する

②相談への対応窓口をあらかじめ定める。担当者は、相談の内容や状況に応じて適切に対応できるようにする

③相談事案に係る事実関係を迅速かつ性格に確認する。確認が困難な場合、中立的な第三者機関に処理をゆだねる

④相談者・行為者ともに、プライバシーを保護する。その旨、周知する

⑤相談したこと、また事実関係の確認に協力したことなどを理由に、その人の不利益な取り扱いをしない旨を定め、周知・啓発する

以上を前提に、わたしはZ社の事件に学んだことも含め、次のような規程類をつくりました。実際にはきめ細かく文書化しましたが、スペースの都合上、ポイント項目のみを挙げます。ご参考にして、あなたの会社のものをまとめてください。

◯セクシャル・ハラスメントについての注意事項

①「以下のようなセクハラ行為をしてはいけません。(就業規則の懲戒事項に該当する場合があります)」として、身体への不必要な接触、性的な冗談、からかい、性的な噂、交際や性的関係を強いること、わいせつな写真などの回覧・掲示、などを挙げる

②「不当にセクハラ容疑をかけられないために、十分に注意すること」として、管理者は威厳ある言動で服務規律違反の従業員への注意、円滑なコミュニケーションをはかること、できるだけ個室で二人きりにならないこと、などを挙げる

③対象者は、正社員、契約社員、嘱託社員、パートタイマー、アルバイトなど全従業員に加え、派遣社員、顧客、取引先の方々なども含める

④相談窓口を明示し、広く対応する旨を周知する

○懲戒事由

規定に違反したり、他の従業員に不快な思いをさせたり、職場の秩序・規律を乱したり、などの項目を挙げる

○セクシャル・ハラスメント防止規程

法律・法令や就業規則などを根拠に、きめ細かく文書化する

13 セクハラ防止のためのチェックを明らかにする

セクハラは、程度によって4段階に区分されます。

①刑法上の強制わいせつに該当する行為（刑法176条）
②民法上の不法行為に該当する行為（民法709条）
③男女雇用機会均等法上のセクハラ（均等法11条1項）
④企業秩序維持義務違反行為としてのセクハラ

セクハラ事件が起こる原因はさまざまです。たまたま、ある特定の従業員がセクハラをおこなう属人的理由だけではありません。「男性が主で、女性が従」という固定的な役割分業の意識が組織にある場合は要注意です。

次のような防止対策をとるのが有効です。

○実態調査をする

まずは、現状把握です。アンケート用紙をつくり、全従業員から意見を募ります。

実際にトラブルになる深刻なケースでなくても、不快感や不満がくすぶっていることはよくあります。調査をし、その結果を公開することで、セクハラに対する理解や認識が高まるのです。

設問には、性的な言動に関わる項目だけでなく、「男女ともに同等に能力を発揮できる環境だと感じるか」など女性の能力活用状況を問う内容が盛り込まれてもいいでしょう。

直接ヒヤリングする場合、外部のコンサルタントやカウンセラーなどに委託すると、本音で語ってもらいやすく、より効果的になります。

設問の例をいくつか挙げます。

○〈日常の言動〉……「安易に手を握っていないか」「～ちゃん、おばさん、などの呼び方をしていないか」「彼氏できた？　子どもできた？　と尋ねていないか」「他の女性と性的魅力を比べていないか」、など

○〈業務のすすめ方〉……「〝ありがとう〟などのねぎらいの言葉をかけているか」「前向きな仕事を与えているか」「平等に仕事を割り振っているか」「出張や外部研修へ行く機会に偏りがないか」「能力・実績に応じて昇進・昇格する制度があるか」、など

○会社の方針を明確化する

「セクハラは見逃さない」という方針を宣言します。社内報やイントラネットなどを利用して、全従業員に周知徹底します。朝礼や会議の場で、経営トップや管理職が直接話すことも効果的です。

○従業員研修を実施する

性別や階層ごとに、異なるカリキュラムでおこなうのが効果的です。とくに管理職層は、一通りの知識と対応スキルを持つべきです。社労士、コンサルタント、カウンセラーなど専門家が、客観的に事例・判例をまじえて語ることで、危機感と説得力が増します。

14 パワハラ防止のためのチェックを明らかにする

パワハラ（パワー・ハラスメント）という言葉は、2002年頃から一般的になったようです。もちろん、言葉の普及以前から、状況・事案はありました。主なところでは、労働組合幹部などへの退職強要、配置転換、降格、結婚や出産を理由にしての解雇、思想信条による差別、など。

改正労働施策総合推進法では、パワハラを次のように定義しています。

「同じ職場で働く者に対して、職務上の地位や人間関係などの職場内での優越的な関係を背景に、業務上必要かつ相当な範囲を超えた言動により、労働者の職場環境を害する行為」

主には、経営者や管理者など使用者が部下に対して、加害者になるケースが見られます。原因・動機として、部下の能力の低さ、仕事上での失敗、協調性に欠けたりルーズさがあるなど勤務態度への指摘、使用者や管理者への批判・反抗、業務命令違反、などが挙げられます。

これらと裏腹に、業務上必要な注意叱責、正当な指示命令、部下の被害妄想などがあります。ここに、パワハラ認定のむずかしさがあります。とはいえ、実際、被害者が心身の不調を訴えたり、自らを責める内罰傾向が生まれたり、最も悲惨な結果として自殺に至ったりがあるので、対応しなければなりません。

大筋からいえば、被害者は苦しみ、行為者は懲戒処分を受け、企業イメージは悪くなると、いいことはありません。パワハラ防止のチェックをする必要があるゆえんです。

○まず、社会環境・経済状況の変化を踏まえます。日本企業の国際競争力が衰え、IT化の急激な進行で業務処理が従来と大幅に異なってきて、とくに中高年にとっては能力の陳腐化が悩みのタネになっています。

本書で再三述べてきた成果主義の弊害、若年層のストレス耐性の低さ、リストラの恐怖の拡大、なども含めて、パワハラが生まれやすくなっています。

○経営者・管理者は、こうした状況下での人間関係・コミュニケーションのあり方を再考すべきです。自らの職権による言動が部下にどう影響を与えるかを自覚して、感情的にならず、言葉を選ぶことです。

組織づくりとして、人権啓発室や健康管理センターなど相談窓口を設け、「断固パワハラを起こさない、どんな立場の人であっても問題があれば懲戒処分をおこなう」と明確な方針を示します。

○わたしの立場からいえば、本書のほかの章の内容をご参考に経営をすすめてくだされば、パワハラ防止のお役に立つと信じています。

15 パワハラのない会社・職場づくりをする

前項を受けて、あなたの会社・職場でのパワハラ防止措置と、不幸にして起こってしまった場合の解決策の具体的な取り組みを3つの点から見ていきます。

① パワハラを未然に防ぐこと

○トップのメッセージ……会社組織・職場からパワハラをなくすべきことを明確に示します。

◯ルールを決める……就業規則などで「こうした言動はパワハラだ」と規定します。

◯社内アンケートで実態を把握する……男女、年齢、職種、キャリア、立場などが偏らないように広く聴きます。その場合、匿名にすること。社会保険労務士など外部の専門家の協力も考えます。

◯教育……パワハラにテーマをしぼって、管理者研修、従業員研修をおこないます。

◯社内での周知・啓蒙……1回きり、その場だけでなく、計画的に継続します。

②パワハラ発生時に適切な対応をとること

◯相談窓口を設ける……一次対応として、相談者と行為者（とされる人）それぞれに事情を聴きます。担当には男性と女性の両方を据えておきます。口頭だけでなく、メールでも受け付けできるようにしておきます。外部機関を窓口にするのも検討します。

◯事実関係を確認する……両者の話から、事案の内容を整理していきます。必要に応じて、第三者にも尋ねます。ヒアリングシートを用いて、事案の発生日時、場所、状況、他者への相談の有無、相談者の希望などを記します。

○相談者と行為者（とされる人）へのとるべき措置を検討する……謝罪でおさまるのか、どちらかの異動を考えるのか、懲戒処分にふみこむのか、事案の状況によって会社・経営としての判断をします。

○相談者と行為者（とされる人）へのフォロー……措置だけでなく、会社・現場の取り組みを伝えます。対応の目途・状況をきめ細かく知らせるのが肝要です。

○再発防止策の検討……それぞれの事案から、同じようなパワハラが起こらないように、会社・現場として何をするべきか考えます。予防策と表裏一体です。

③パワハラの根本的な原因を解消すること

人間どうしの言動から起こるのがパワハラですから、積み重ねた予防策・対応策が解決への道ですが、新たなケースが生じてくるかもしれません。自社の事例に加え、他社の取り組みにも学ぶことです。

職場のいじめ・嫌がらせ問題に関する円卓会議ワーキンググループ報告書では、次の6つの行動類型が示されています。

（1）精神的な攻撃（脅迫、名誉毀損、侮辱、暴言など）、（2）過大な要求（業務上明らかに不要なことや遂行不可能なことを強制する）、（3）人間関係からの切り離し（隔離、仲間外し、無視など）、（4）個の侵害（私的な事柄に立ち入る）、（5）過小な要求（業務上の合理性がなく、能力や経験とかけ離れた程度の低い仕事を命じること）、（6）身体的な攻撃（暴行、傷害など）

これらは、会社・職場にとどまらず、社会生活を営むうえでの犯罪行為ととらえるべきかもしれません。そうした意識を、トップ（経営者）・上司、労働組合や社員組織、職場の一人ひとり、の3者が協同していくことが原因解消への基本です。

16 マイナンバー制度の対策を怠らない

2016（平成28）年1月から、マイナンバー制度（社会保障・税番号制度）がスタートしました。重要な社会基盤（インフラ）として幅広く利用・活用されるので、さまざまな安全・安心を確保する仕組みがあります。

企業に求められる責任は大きく、法令違反への罰則にはきびしいものがあります。

リスク管理が必要とされるゆえんです。

わたしたちの事務所では、かなり早い段階から対策をまとめてきました。総務・経理など直接の担当者はもちろん、経営者も全従業員も押えておくべき内容です。1項では伝えきれないので、大枠を示していきます。

マイナンバー対策としては、たんに設備投資をしたり、どこかから規程・ひな型をもらったり、高額なソフトを導入したりするだけでは不十分です。いちばん重要なのは、「安全管理措置（組織的・人的・物理的・技術的）」です。

なかでも「人的」がキモです。結局、情報漏洩を起こす原因で多いのはヒトです。マイナンバー対策は「労務管理対策」だと、わたしは位置づけます。

わたしたちの事務所の約25名のスタッフが協力してまとめた、マイナンバー対策の冊子があります。当時、静岡県の士業では初の情報セキュリティマネジメントシステムの国際規格「ＩＳＯ２７００１（ＩＳＭＳ）」を認証取得したことに伴い、「マイナンバー委託管理サービス」という画期的なサービスもおこなっています。

ですから、マイナンバー制度の対策を要する場合、別途、わたしたちの事務所で対応いたします。本書（本項）では、先に述べたように、対策のポイントのみをお伝えします。

○マイナンバーを取り扱うのは、総務・人事部門だけではありません。支払調書などを作成する経理部門、番号の保管で重要な役割をもつシステム部門などにも影響があります。関連部門のメンバーを中心にして特別チームをつくるといいでしょう。

○マイナンバー収集の主な対象者は、次のとおりです。

①従業員（役員、パート・アルバイトも含む）とその扶養家族

②報酬、料金、契約金および賞金の支払先

③不動産関係の支払先

④株主等への配当、剰余金の分配および基金利息の支払先

○プライバシーポリシーなど、特定個人情報の取り扱いに係る基本方針を明確にし、取り扱い規程を整備する。

○マイナンバーは不用意に「見ない」「言わない」「聞かない」「扱わない」を徹底します。法律上の制限もありますし、思いもかけない悪用につながる恐れもあります。

○給与計算・人事管理を中心とした社内システムで市販のものを利用する場合、バージョンアップで対応していきます。自社でシステム開発している場合、状況に応じて改修していきます。

第4章

めざせホワイト企業！会社のブランド力の高め方

通常の社会生活を営めないほどの長時間労働、精神面で追いつめるようなノルマ制、ずさんな給与計算、パワハラまがいの評価制度……「ブラック企業」についての諸問題はさまざまです。大企業だけではなく、中小企業でも、「ブラック化」が明らかになると、批判が集まり、企業活動に致命的な悪影響が出ます。

「ブラック企業」を回避するのは当然ですが、法令遵守にとどまらず、「ホワイト企業（＝魅力的な会社）」にステップアップしよう、というのが本章の目的です。

本章の項目（課題）を段階的にクリアすれば、業界・地域・消費者から、「あの会社はホワイト企業」と認知され、知名度が高まり、企業戦略上でも大きな差別化になります。すべてクリアしている会社はきわめてまれです。ハードルは高いですが、継続的に取り組むことが大切です。

わたしの事務所では、静岡県から経営革新計画承認を受けた『村松事務所が精査したホワイト企業による就職ガイダンス』を開催しています。ご好評をいただいている内容を、本書用に整理しました。

01 「ホワイト企業」になって地域社会から信頼を得る

「ホワイト企業」をめざす前提として、まず、いわゆる「ブラック企業」について押さえておきます。一般的に、「若者の使い捨てが疑われる企業等」として、以下のような基準が挙げられるでしょう。

○新卒社員の3年以内の離職率が3割以上
○過労死・過労自殺者を出している
○短期間で管理職になることが求められる
○残業代が固定化されている
○求人広告や説明会の情報がよく変わる
○保険料を適正に納付しない
○行政機関の勧告・指導に従わない

これらの〝定義〟は、厚生労働省、経営者、学生、マスコミ、社会保険労務士などそれぞれの立場でさまざまに変わるかもしれません。

では、本書でいう「ホワイト企業」の定義があるかといえば、そのようなものは現状ありません。人によって、立場によって、さまざまなのです。

前述した「ブラック企業」の一般的な基準に当てはまらない、つまり相反して、労働社会保険諸法令を遵守することなどは最低限のラインです。それらを含めて、本章の以降の項目で挙げる課題をクリアして、魅力的な会社にすることが、「ホワイト企業」になる道だといえるでしょう。

厚生労働省や自治体も「雇用環境優良企業」を認定する制度をとっていますが、書類審査が主になり、現地調査があったとしても細部まで十分に確認するのがむずかしいことが多いそうです。そこで、1万件以上の生現場を訪問し、中小企業の経営の現状をつぶさに見聞しているわたしの視点で選定しました。

勉強熱心で理論好きな経営者によく見受けられますが、外部研修で学んできた社員教育手法を社内で実践する会社が必ずしも「ホワイト企業」であるとはいえません。

経営理念や行動指針が書かれている冊子を社員に配り、それらを暗記させたり、朝令で唱和させたりするやり方があります。また、経営者自身が朝早く出社してトイレ掃除を率先してやったりすることもあるようです。悪い面ばかりではないでしょうが、やや精神論に傾きがちになることもありますので注意が必要です。例えば、以前、全従業員でボランティア活動を熱心におこなっているという会社の取り組みのことが新聞記事で取り上げられていました。会社の宣伝が大きな目的の一つであり、実はその時間を労働時間にカウントしていない会社もあると思います。（労働時間とするか否かは判断が難しいところですが）

これからの時代、業績を上げるだけ、社員の待遇を厚くするだけ、ではなく、社員の家族はもちろん、取引先や地域社会との関係性まで視野に入れて経営活動を展開していかなければなりません。

地域社会から、「あの会社なら安心だ」「値段が多少高くても買いたい商品を提供している会社だ」「だますような商売はしない会社だ」「わが子を働かせたい」などと評価してもらえることが必要なのです。つまり、会社として信頼感を抱かせる、ひいてはブランド力が高まる経営のあり方を追求する必要があるのです。

長年にわたるわたしの体験・評価からみて、本章の項目をすべてクリアしている会社はきわめてまれです。また、この会社はすばらしい、「ホワイト企業」だ、といえる会社も、意識してその白さを保つ努力を続けなければ、たちまちグレー、ブラックへと色あせてしまう可能性があります。

会社組織も社会状況も常に変化を免れません。「ホワイト企業」であるためには、継続的な取り組みを心がけたいものです。

02 社会保険の手続きを法的に適正にする

社会保険に加入するさいは、強制適用事務所と任意適用事務所とがあります。

①常時、従業員を5人以上使用している適用業種の個人事務所
②常時、従業員を1人以上使用している法人の事務所（社長1人法人も含む）

いずれかの要件に該当するのが強制適用事務所で、その従業員は、厚生年金保険には70歳の誕生日の前々日まで、健康保険には75歳の誕生日の前日まで加入します。

強制適用ではない事業所（農林水産業やサービス業の一部）や、5人未満の個人事務所であっても、一定の要件を満たせば、社会保険に加入できます。

適用事務所に使用される人は、本人の意思・国籍・報酬の多少を問わず、社会保険の被保険者になります。「使用される人」とは、（1）常態として適用事務所の人事管理下で労務を提供している、（2）対価として報酬を得ている人です。

被保険者資格は、事実上の使用関係が発生した日に取得します。具体的には、（1）適用事務所に使用された日、（2）事業所が適用事務所になった日、（3）適用除外に該当しなくなった日（パートから常用勤務になった日など）です。一定の試用期間や研修期間が設けられていても、事実上の使用関係は発生しているので、入社日から被保険者になります。

パートタイマーは、常用的使用関係の有無によって社会保険が適用されます。具体的には、1週間の所定労働時間および1か月の所定労働日数が同じ事務所で、同様の業務に従事している正社員の4分の3以上である方は被保険者になります。

ただし、この4分の3以上とは目安であり、個々の事例について、就労形態などを総合的に勘案して、年金事務所が最終的に判断します。

日々雇い入れられる人や臨時に短期間に使用される人は、原則として一般被保険者から除外されます。この適用除外要件を脱法的に悪用しているケースもありました。

◯一度退職扱いにして、1日もしくは数日間だけ期間を空けて、再度、被保険者になる。

◯「臨時に使用される人」として、2か月間の雇用契約を結んで、契約満了日に意思確認をする。勤務態度、能力、業務量などを勘案し契約を見直したうえで、希望者については再度、雇用契約を結ぶ。

こうしたことを許さないために、通達により、被保険者資格を喪失させずに継続させる取り扱いがとられるようになりました。就労の実態に照らして事実上の使用関係が中断なく存続されていると判断されると、最大2年間さかのぼって是正指導が出ます。

事業所側からすれば、法を悪用せず、社会保険を法的に適正にしなければなりません。

03 給与計算を法的に適正にする

給与計算において「ホワイト企業」であるための課題として、「割増賃金」と「定額残業代制度」について、明らかにしておきます。

割増賃金の支払い義務について、労働基準法37条で次のように定めています。

『使用者が第33条又は前条第1項の規定により労働時間を延長し、又は休日に労働させた場合には、その時間又はその日の労働について、通常の労働時間又は労働日の賃金の計算額の2割5分以上5割以下の範囲内の率で計算した割増賃金を払わなくてはならない』

割増賃金の算定をするさいの基礎が「通常の労働時間又は労働日の賃金」であって、ほかの計算で割増賃金の額を決めてはなりません。

算定基礎にはならない、つまり除外されている賃金には、「家族手当」「通勤手当」「別居手当」「子女教育手当」「住宅手当」「臨時に支払われた賃金」「1か月を超える期間毎に支払われる賃金」があります。

ただし、これらの名称で支給されている手当であっても、家族の人数に関係なく一律に支給されている「家族手当」や、実費に関係なく支給されている「通勤手当」など、実態において当該手当の名称に合致しない支給は除外されません。

見解の相違によっては、支払うべき割増賃金の総額に大きく影響するので、会社としては、就業規則、労働協約、労働契約において定められている賃金や手当について、「通常の労働時間又は労働日の賃金」の範囲を明確にしておくことが大切です。

仕事に関するさまざまな都合・事情から、労働時間を的確に管理するのにむずかしい面があります。また、労働時間ではなく成果で賃金を支払いたいという経営側の考え方もあります。

そうした理由から、一定額の固定残業代をあらかじめ支給する賃金体系を設けている会社も増えています。しかし、労働者の長時間労働を誘発するおそれがありますし、この「定額残業代制度」から訴訟になるケースが非常に多くなっています。適正な運用ができていないため、莫大な未払い残業代を請求されるわけです。

そこで、「定額残業代制度」を設ける場合、次のことが大事です。
○定額手当が基本給等の「通常の労働時間又は労働日の賃金」とは異なる賃金である旨を、就業規則や労働契約で明確にしておくこと。
○定額残業代が所定労働外労働の何時間分の割増賃金に該当するのかを明確にして、当該時間外労働分を超えて残業をした場合には別途上乗せして割増賃金を支給する必要があること。
年俸制の労働者の場合でも、客観的に管理監督者に該当しなければ、労働時間管理と割増賃金の支払い対象になります。前記の事項を明確にしておかなくてはなりません。

04 労働時間制度を法的に適正にしている

労働時間には原則として、週40時間・1日8時間の規制があります（労働基準法32条）。これを超えるときは、三六協定の締結が必要であるとともに、割増賃金（前項）が発生します。

ただし、適用除外が認められています。法定労働時間の弾力化、みなし労働時間制、フレックスタイム制、管理監督者、などです。労働時間は労働者の健康に直接影響するので、これらの制度が有効かどうかの認定要件には非常にきびしいものがあります。

○1か月単位の変形労働時間制……労使協定（有効期間を定め、労働基準監督署への届出が必要）または就業規則により、1か月以内の期間を平均して1週の法定労働時間（40時間）を超えないよう、各労働日の所定労働時間を定めたとき（当該期間の起算日の定めは必要）は、法定労働時間（1日8時間、週40時間）を超えて労働させることができる、とするものです。

○1年単位の変形労働時間制……労使協定（有効期間を定め、労働基準監督署への届出が必要）により、「対象労働者の範囲」、「対象期間」（1週を平均して法定労働時間を超えないよう定める1年以内の単位期間。起算日の定めが必要）、「対象期間における労働日」（3か月を超えるときは1年あたり280日以内）と「その労働時間」（1日10時間、1週52時間以内。3か月を超えるときはさらに制限）、

「有効期間」の事項を定めたときは、法定労働時間を超えて労働させることができる、とするものです。

○事業場外労働のみなし労働時間制……「労働時間の全部または一部について事業場外で業務に従事したこと」と「労働時間を算定し難いこと」の2要件を満たせば、原則として所定労働時間内とみなします（労基法38条の2の規定）。前者は物理的なことなので明解です。後者は、労働時間を管理できる人が同行していたり、随時指示連絡があるなど、使用者の管理下にある場合、適用されません。

○専門業務型裁量労働時間制……以下の要件を満たすと、導入できます（労基法38条の規定）。すなわち、労使協定（有効期間を定め、労働基準監督署への届出が必要）により、「対象業務」「みなし労働時間」「会社が労働者に具体的指示をしないこと」「健康・福祉を確保するための措置」「苦情処理措置」「有効期間」「記録を有効期間および満了後3年間保存すること」を定めた場合、所定労働時間内とみなします。

○管理監督者の認定基準……「労務管理（労働条件の決定その他）について経営者と一体的立場にある者」が管理監督者の意です。管理監督者には、労基法の労働時間、休憩時間、休日の適用が除外されます。その区分は、名称や各企業での取り扱いにとらわれず、実態に即して客観的に決まります。実態とは、「職務内容、責任権限、勤務態様」「賃金等の待遇面」「その他地位にふさわしい待遇」などです。

05 適正な労働時間管理と過重労働対策を推進する

使用者（経営者）には、労働時間について把握し管理する義務があります。「使用者が自ら現認することにより確認し、記録する方法」と、タイムカード、ＩＣカード等の客観的な記録を基盤として確認し、記録する方法」を原則とします。

内勤の労働者はもちろん、営業などの外勤者や、専門業務型裁量労働制をとっている研究職に対しても、原則どおり日々の労働時間を厳格に管理し把握することは社会的責任を伴うのです。

近年、「残業削減」を推進する会社が増えています。社内外の業務の効率化をすすめ、コミュニケーションが活性化する効果を求め、快適かつアイデアが生まれやすい職場づくりを図る目的です。単に人件費や諸経費を削るだけではなく、労働力人口が減る将来でも一定の成果を上げられる会社になるための活動と考えるわけです。

「残業削減」の具体的ステップの一例を挙げます。

○現状を「見える化」する〈ステップ1〉……業務日報やメールなどを使って、「何をする予定か」「実際に何をしたか」を、管理者・リーダーと一般社員とがお互いの仕事を明らかにすることです。「朝メール」と「報告メール」が有益です。
また、1週間分の「報告メール」を整理した「1週間業務分析」を作成すると、自分の仕事のやり方や問題が「見える化」されます。

○ビジョンと目標をチームで共有する〈ステップ2〉……明らかになった課題と問

題点をチームで共有し、ボトムアップ（これが大事）で取り組む施策を決めます。チームの会議で、管理者・リーダーが直接説明するとよいでしょう。別に、社員各自の目標とチーム全体の目標とをすりあわせる機会をもつと、一層効果的です。

○仕事の中身と分担を見直す〈ステップ3〉……このとき大事な点は、誰かが休んだり早く退社したりしても、仕事がとどこおらないように「複数担当制」を検討することです。有給休暇や長期休暇がとりやすく、ワークライフバランス推進にも効果があるからです。

○評価基準を見直す〈ステップ4〉……成果主義に偏らない現場レベルの評価基準をつくり浸透させます。「人を育て合う」「時間を意識する」「結果に至るプロセスを重視する」という3点を軸にした「ほめるマネジメント」が重要です。

○仕事のすすめ方を変える〈ステップ5〉……より密度の濃いコミュニケーションと情報共有がポイントです。ランチ時や移動時間での面談も効果的です。本音を引き出しやすく、状況に合わせて適切なタイミングを見つけやすいからです。管理者・リーダーは聞き役に徹するのがよいでしょう。

○変化を周囲に広げる〈ステップ6〉……取り組みの成果を他チーム経営層・人事部などにアピールする機会をつくります。形式ばっていなくても、会議でのちょっとした報告や立ち話でも充分です。

——以上は一例です。制約や条件しだいで、アレンジすることになります。

06 労使双方が納得できる賃金制度を確立する

社員と経営者とが共に満足できる賃金制度とは、経営者が考えた昇給・賞与の決め方を可視化することです。それはどうしたらいいのでしょうか。手順を説明します。

経営者が昇給・賞与を決めるときの共通要素が3つあります。

①**会社全体の業績**……業績がよくなければ昇給・賞与を増やすことはできません。経営者が高い経営目標を掲げる理由のひとつは「社員の処遇をよくしたい。賃金を上げたい」です。これを真っ先に社員に説明することです。

②**成長戦略**……社員は通常、一般職（プレイヤー）～中堅職（プレイングマネージャー）～管理職（マネジメント）と成長していきます。段階ごとに昇給・賞与を決めるわけです。

③**評価点数**……的確な「評価シート」が前提になるのですが、それをもとに、年・期ごとに評価を点数化します。20点、60点、80点、それぞれにふさわしい昇給・賞与を決めるわけです。

これらの要素から、昇給・賞与の決め方を可視化します。

要素②の成長段階を職能等級といいますが、ここから職能給表を設定できます。ほかに、年齢や勤続年数を評価要素に入れる経営者なら年齢給表、勤続給表を設定します。加えて、諸手当（役職手当、家族手当など）を設定する経営者もいます。

○昇給についての可視化

まず、職能給表、年齢給表、勤続給表から過去の昇給の検証をします。

業績の違い、職能等級の違い、評価点数の違い、それぞれによる決定が経営者の考えと昇給額とが合っているか、確認し判断します。シミュレーションを繰り返しながら、過去の昇給額に近づけば可視化されたことになります。

○賞与についての可視化

賞与額を決めるときは、もうひとつの要素を考えなければなりません。支給月数です。

基本給や所定内賃金をベースにした「平均1か月分」などといった支給の仕方があります（基礎賞与）。また、職能等級や総合評価などを加算する評価賞与があります。支給の仕方には、どちらかか、合計したものか、大きく3つのケースがあるわけです。

これらの違いを明らかにするには、（1）前回の賞与原資の確認、（2）基本給×何か月分を支給したか確認、（3）社員全員の基本給×○か月分の額を賞与原資から引き、残りの額を賞与計算表に則って配分――検証した結果の合計額から、過去の賞与全額が一致しているか判断します。

一致していれば、基礎賞与と評価賞与の割合が一致し、賞与計算表が経営者の考え方に落とし込まれたことになります。一致しない場合は、基礎賞与と評価賞与の割合を変えたり、賞与計算表の内容を変えたりすることを検討します。

07 社員の評価制度を適切に運用する

職種ごと段階ごと（一般職、中堅職、管理職）に「評価シート」を作成し、運用するようにします。

社員は、自らに求められている成果を実現するために、何に注力・集中して仕事をすればいいか、が明確にできます。

上司は、より的確な指導のやり方・すすめ方を位置づけることができ、かつ上司自身の成長もうながせます。

「評価シート」に、期待成果と、そのための重要業務と実現度が段階で表わされていれば、仕事の見直しができるようになります。「こうしたら、もっと高い成果を上げることができる」と、改善する・挑戦する楽しみも生まれます。

たとえば、重要業務の評価基準が5段階になっているとします。4点、5点の評価をもらえなくても、1点から2点、2点から3点、との評価になれば、成長をほめられ、次の段階をめざそうと意欲を高められます。社員としては認められると、内発的モチベーションが生まれます。「評価シート」のメリットです。

これを糧にすれば、社員は認めてもらったうれしさから、使命感やさらに会社に貢献したい気持ちを持つでしょう。目先の成果だけにとどまらず、自分の成長の道筋を描けます。

入社10年前後で取り組む仕事、10年後には中堅職になって部下の指導的立場に立つこと、さらに新しい事業の芽をつくり出す経営戦略を打つなど管理職へ、キャリア開発につながるのです。

優秀な社員が成果を上げるのは、重要業務に注力・集中しているからです。成果の上がらない社員は、重要業務が何か、優れたやり方が何かがわからない傾向があります。

「評価シート」によって、期待成果と重要業務との因果関係が明らかになります。成果が上がらなければ、いまの重要業務のしかたが悪い、または重要業務とされていたものがそうではない可能性があります。そう意識して仕事に取り組むと、成長がうながされます。

また、状況の変化、さまざまな事情によって、評価シートの中身は常にバージョンアップされることを知っておいてください。

08 社員のキャリアプランを明確にする

入社した社員に、この会社で成長するための道筋「キャリアプラン」を説明できることは、経営者としての責任の大事な要素のひとつです。安心して働いてもらい、長く貢献してもらうためです。

たとえば、次のように伝えます。

○あなたは40年間、このキャリアプランに沿って成長していくことになります。

最初の10年間は、一般職層として「評価シート」のキャリアを積み重ねていきます。最初の評価は20点です。決してダメな社員という評価ではありません。すべての社員のスタートです。10年かけて、30点、40点、50点……と徐々に成長していくわけです。

いま一般職層にいる社員は、優秀な社員の点数である80点、総合評価Aをめざして働いています。会社のためというのではなく、あなたの成長を支援する考えです。もし、ほかの会社・ほかの仕事に移ったとしても、あなたの成長の土台にしてください。

○成長に必要な年数をかけたあなたは、中堅職にステップアップします。

プレイヤーの仕事は残しながら、部下を指導する仕事をすることになります。誰かがあなたを指導・支援してくれたように、今度はあなたが後進の成長の助けとなるわけです。それが、あなた自身の大きな成長にもつながります。

中堅職になったからといって、すぐにマネジメント・部下指導の仕事が十全にできるわけはありません。評価基準5段階の最初の1点からスタートし、10年~15年かけるのです。

「教えることは二度学ぶ」という言葉があります。自分の仕事が一人前にできることはすばらしいですが、もっとすばらしいのは、あなたと同じように一人前の社員をあなたが育てていくことです。あなた自身のさらなる成長です。

○次の段階、やがてあなたは管理職の仕事をすることになります。

プレイングの仕事が少しは残っているかもしれませんが、マネジメント中心で、経営者の片腕となって組織全体を動かしていくわけです。その大きな役割は、中堅職の社員を育てるという取り組みになるでしょう。

○一般職のときは、自分自身の成長度合いについて悩み苦しむことがあるでしょう。

中堅職になったら、一般職の部下の悩みや苦しみの相談にのり指導します。管理職になったら、中堅職の部下の悩みや苦しみを聞いて解決策を示します。

管理職になったとき5人の中堅職がいて、それぞれに部下が5人いたとすれば、25人分・30人分、場合によってはそれ以上の社会貢献に力を尽くしたことになります。それが、あなたの最終目標です。

どの会社に行っても同じですが、わたしたちはあなたの40年間の成長を説明する仕組みをつくって待っていました。わたしたちは、あなたを応援します。
――この説明ができる会社は、「ホワイト企業」として高いレベルにあります。

09 「ダイバーシティ経営」に取り組む

「ダイバーシティ経営」とは、〝多様性のマネジメント〟を意味します。「小さな会社」でも、女性活躍推進、障害者雇用、高齢者の再雇用、非正規社員の適正処遇、外国人労働者の雇用など、多様な人材をマネジメントする必要に迫られているのです。

「ダイバーシティ経営」の取り組み・推進には、組織構造やシステムの大がかりな改革が伴います。管理職研修や女性研修をするだけでうまくいくものではありません。採用、配置、評価、能力開発、人材育成計画などの制度や仕組みの改善・構築をしつつ、組織風土そのものを変えていく取り組みが必要なのです。

課題のなかで、重要かつ喫緊でありながら、なかなか整わない女性活躍推進にしぼって、紹介・説明します。

①人事戦略の再構築

「採用」……どのような人材をどのていど採用するかは、事業戦略と密接に結びついているので、数値目標を一概に定めることはむずかしいですが、まず男女差の偏った比率を改善するところから始めます。

「配置・異動・転勤」……実績・知識・経験・キャリアと関係するわけですが、出産・育児・介護など家族や家庭の事情で転居を伴う転勤がむずかしい社員に対して、地域限定勤務制度を導入したり、いったん退職したあとの再雇用制度、一時的に休職したあとに復帰する一時休職制度などを創設したりします。

「昇進・昇給・評価」……上司の評価、推薦、面談、論文試験などが一般的な要件ですが、別の基準も検討します。育児休業中や短時間勤務は人事考課をおこなわず、休業前の2期と復職後1期の計3期を平均して評価する。勤務時間に比例した成果目標を評価基準とする。など、働き方より成果に着目します。

「システム・構造」……業務に性差を関連させない、男女ともに家庭の事情に配慮した人事制度・福利厚生制度を取り入れる、復職の推奨、など。

②ワークライフバランス（WLB）プログラム

「多様性を活かす視点をもって実施する」……WLBの意義は、個々人の価値観やライフスタイルを尊重しながら、働きやすい会社環境を整備して、チームや組織のパフォーマンスを高め、それによって新しい価値や成果を生み出し続けることです。柔軟な働き方を提供しつつ、組織の成長にもつなげなければなりません。

育児や介護などとの両立支援、不規則労働や長時間労働の削減、業務の効率化、自己啓発やボランティア活動の支援、と範囲はとても広く、「ダイバーシティ経営」推進の中心的な施策です。

「WLBを実現するための変革」……（1）いかに長く働くかではなく、いかに価値を生み出すか、という「意識の変革」（2）終業間際の時間での会議や飲み会など、特定の社員が参加しにくい慣習や暗黙のルールをなくす「仕組みの変革」（3）お互い理解し合い、仕事・生活面とも情報を早めに共有して一体感を醸成する「コミュニケーションの変革」

「働きやすさと働きがいの相乗効果」……女性が本当に活躍している組織は、WLB

をたんなる両立支援とは考えません。育児中の女性社員と上司がキャリアについて考える合同セミナーを開催するなど、働きやすさを担保しつつ、機会を与え、公正な評価をする、つまり、やりがい・働きがいを高めてもらうのです。

10 CSR（企業の社会的責任）に取り組む

CSR（企業の社会的責任）の趣旨を端的にいうと、次のとおりです。

「企業は、利害関係者（ステークホルダー）の期待やニーズに応えなければ、生き残っていけない」

ここでいう利害関係者とは、企業によって影響を受け、また逆に企業に影響を与え返してくれる人や組織のことです。顧客、社員、株主、行政機関、地域住民などが挙げられます。

それぞれがさまざまな期待やニーズを持ちますから、それらに対して企業の取り組みもさまざまで、広範囲にわたります。

○消費者が求める、安全で質のよい商品を作る
○社員が働きやすい職場環境や待遇を整える
○正確な財務情報を適宜、開示する
○店舗や工場が立地する地域の環境に配慮する
――つまり、CSRは、重要な利害関係者の支援を得るための取り組みを正確誠実に伝えることが肝要です。労務管理の分野でも重要性が高まっています。

労働分野において企業が取り組むべき課題――労使関係、労働時間管理、労働安全衛生、均衡待遇、両立支援、能力開発、高齢者・障害者の雇用、人権・差別問題など多岐にわたる――は、本書でおのおの述べてきました。

個々の企業がCSRを推進するにあたっては、業種・社員構成・地域の特性などによって異なります。また、そもそも限られた経営資源をどのように有効活用するかは、個々の企業の経営判断になります。

重点的に取り組む項目選び、具体的なCSR推進のあり方については、個々の企業が利害関係者とコミュニケーションをとりながら独自に検討し決定していくわけです。

厚生労働省が「労働に関するCSR自主点検チェック表」を作成しています。それを参照してくだされればいいのですが、以下にポイントだけを挙げます。

◯「社内態勢の整備」と「労使関係」の2つが大きな柱です。経営理念と従業員のあり方との関係で、就業規則や労働契約の中身が共有され、コンプライアンス（法令遵守）の責任体制を整えることがキモです。労使がお互いに、権利と義務を尊重し、課題の解決は協議・話し合いのうえでおこなう、ということです。

◯性別、国籍、信条、年齢などにかかわらず、差別のない公平・公正な人事労務管理（募集、採用、昇進、配置など）に取り組むことが前提です。そのなかで、これまでの章で解説してきた、労働条件（労働時間、休暇、安全衛生、人事処遇）、また育児支援や介護支援のための制度をきちんと設けること。

◯従業員の能力を高めるためのOJT、教育・研修プログラム、自己啓発をおこなう時間確保、などを実施すること。

◯サプライチェーンとの関係や、海外に支店・工場を進出した場合、方針や契約などを明示し、必要な取り組みをすること。

第5章

〝やらまいか精神〟
〜浜松いわた信用金庫の挑戦

静岡県浜松市周辺は「ものづくりの街」です。〝やらまいか精神〟にあふれた、ベンチャー企業と呼ばれるにふさわしい企業が数多くあり、その一例として、トヨタ、スズキ、ホンダ、ヤマハ、河合楽器……と名だたる企業が挙げられます。

さらに、日本のみならず世界に冠たるこれらのメーカーに関連して、物流、サービス、建設、医療、福祉、情報、食品、飲食など「小さくても強い会社」がつづいているのも自然な流れでしょう。

そうした地域の法人・個人の経営・金融面でのパートナーが、地元の信用金庫だと、わたしは考えています。それが、本章を設けた理由です。

本章で紹介する「浜松いわた信用金庫」は、浜松信用金庫と磐田信用金庫が2019（平成31）年1月21日に合併して生まれました。浜松市と磐田市を中心とした静岡県西部に店舗網をもち、地元経済に密着した存在として、ますます重要になるでしょう。全国的に注目される理由は、本文でふれます。

本章の内容は静岡という地域性はありますが、経営者にとっては、それぞれの地域の信用金庫について知り、上手につきあう参考になるはずです。

01 なぜ浜松市周辺地域が注目されるのか

浜松市周辺は、繊維、楽器、運送用機械の〝3大産業〟を中心に発展してきました。歴史をたどると、江戸時代から綿織物と製材が盛んだったことから始まります。織機が開発されて繊維産業が発展し、製材が木工機械や楽器につながったわけです。また、培われてきた技術を背景に、工作機械などの一般機械、オートバイ・軽自動車の生産が始まりました。時代の変化に応じて、それぞれが関連してダイナミックな経済発展を具現してきた地域なのです。

この数十年来は、製造業の生産拠点の海外移転や完成品の逆輸入といった経済の空洞化が生まれる反面、「地方の時代」、「地方創生」が謳われ、地域の活性化は一層大きな課題となっています。この点で、〈信用金庫〉の役割がクローズアップされてきます。

地域金融のあり方として、いくつかの支援が挙げられます。

○地域環境の変化

○地域のニューリーダー（企業家の発掘・育成）
○既存産業・中小企業のイノベーション
○地域活性化の担い手どうしのつなぎ合わせ

浜松市周辺も例外ではなく、むしろ当地は、地方都市の縮図であり、かつ先進的な地域でもあります。その代表例として、浜松いわた信用金庫を取り上げる必然があります。

〈はじめに〉の文中で、本書の内容はわたしの社会保険労務士・人事コンサルタントとしての考え・思いが土台になっているとともに、地元・浜松市周辺の〝やらまいか精神〟が反映する旨を述べました。

そして、浜松いわた信用金庫はまさに〝やらまいか精神〟の事業展開をしている金融機関、とわたしは考えています。その理念と取り組みを紹介することで、信用金庫のあるべき姿を知ることができると思います。

本書の読者でもある経営者にとっても、それぞれの地域の信用金庫とのつき合い方の参考になるでしょう。

02 信用金庫は「小さな会社」の強い味方

信用金庫は、全国的な店網をもつメガバンクと違って、限られた地域を事業・営業の範囲とする、その地域の個人（住民）や法人（中小企業）のための金融機関です。銀行は株式会社ですが、信用金庫は会員の出資による協同組織です。地域経済に密着して、地域の発展に貢献することを第一に考える、〝非営利と相互扶助〟が基本理念です。

会員からの出資金と、地元の個人・法人の預金とを資金にして、必要とする個人・法人のお客様に融資します。生活の充実や事業の発展に役立ててもらう金融機能メインの役割ですが、それにとどまらず、さまざまなサービス・サポートをおこないます。

信用金庫じたいが地域社会の一員との意識が高く、地域活性化のためにきめ細かい活動をしているわけです。本書のタイトルであり、読者である「小さくても強い会社の社長」は、各地域に根を張るのが基本・根本ですから、信用金庫との信頼関係づくりをするのは当然の道筋です。

明治から大正、そして昭和の戦後にかけて、中小企業のための産業組合法、信用組合を前史にして、1951（昭和26）年6月に「信用金庫法」が公布されました。地域の中小企業（と個人）専門の金融機関として、近代的な需要に応じて地域経済の再生の担い手となるべく信用金庫が生まれたのです。

昭和30年代の高度成長期、昭和40年代の国際経済構造の変容・金融効率化、その後のオイル・ショック、金融の自由化・国際化、バブル経済とその崩壊、グローバル金融、リーマン・ショック……、このような時代の大きな変化に対応して、中小企業・個人の要請に信用金庫は応えていきます。

駆け足で歴史をたどりましたが、近年は、疲弊する地域経済や不良債権などの課題に直面するなか、信用金庫は過去と異なるあり方をさぐる面も否めません。

しかし、地域の中小企業のニーズに協同する役割である基本・根本理念は変わらず、新しい時代の地域のための金融機関として、本書の読者、経営者にとっても、ますます重要な存在になるでしょう。

03 浜松いわた信用金庫が地域のためにやっていること

浜松いわた信用金庫の前身、浜松信用金庫と磐田信用金庫は共に１９５０（昭和25）年に設立されました。70年近くの活動を経て、２０１９（平成31）年1月21日に合併しました。

合併によってめざすものとして、

（１）両方の店舗網を効率的に活用し、地域のお客様の利便性を高めること

（２）業務の効率化をもとに、経営体質を強化し、人財を有効活用し、より多くのお客様との接点（相談・対話）をつくり、迅速かつ的確な〝お客様本位〟を実現すること

（３）地域の個人・法人のさまざまな課題に対して、より質の高いサービスと問題解決機能を提供すること、またより円滑な資金供給を図ること

――を挙げています。

具体的なサービスと活動を、わたしなりに紹介します。これから述べることは、浜

松いわた信用金庫の独自の理念、活動であるわけですが、そこから読者の住む各地域にある信用金庫を知る材料になるはずです。

○取り組みの体系

どの信用金庫もほぼ同じでしょうが、浜松いわた信用金庫の事業目的の冒頭には、「お客様の豊かな暮らしと活力あふれる地域の実現」という言葉があります。その実践に向けて、さまざまな取り組みをしているわけです。

そのための経営の基本は、大きく2つあります。

（1）地域のお客様のさまざまな経営課題やニーズを知り、つながりを強化すること

（2）信用金庫の役職員が企業を支援するための研修を充実させ、また中小企業診断士などの資格を取得すること

これらの基本的な取り組みから、

○お客様・地域のみなさまと密接な対話を積み重ね、信頼関係を築き、取引を拡げる

○創業支援、海外ビジネスサポート、ビジネスマッチングなど、お客様の課題を解

決するために金融サービスを向上させる

○経営改善支援、事業承継・M&A（企業譲渡、事業再編など）に関して、円滑に資金を供給する

等々の具体的な活動をし、企業の売上高増加、経営状況の改善、雇用の維持・増加をめざします。つまり、地域・お客様・浜松いわた信用金庫の関係性のなかで共通価値を創り出すわけです。

そうして、「お客様の豊かな暮らしと活力あふれる地域の実現」を図る――以上が、取り組みの体系です。

○個人のお客様をサポート

お客様の身近な専門家として、先の基本の（2）にあったように、パーソナルアドバイザー、相続アドバイザー、住宅ローンアドバイザーなど専門知識をもつ金融のプロを養成しています。営業店では、渉外係、お客様サポート係、融資相談係などの窓口・担当として、お客様の相談やお悩みに応えます。

対応・提案は、お客様のライフステージに合わせて、おこないます。

お客様が、社会人生活を始めるときには、収入と支出を自分で管理するために、スマートフォンによる口座開設サービス、アプリバンキング、全国の信金ＡＴＭを利用できる「しんきんゼロネットサービス」などをおこないます。

その後は、マイカー購入時のモーターローン、結婚・出産・子育て・教育資金に備える定期積立、つみたて定期預金、住宅ローン、年齢を重ねてからはセカンドライフや相続、遺言書まで、親身なサービスや商品を用意しています。

企業の経営者や社員も、個人のお客様になるわけですから、事業資金以外の面でも信頼関係を築きます。

○事業者のみなさまをサポート

本書の読者、経営者にとっては、最も肝要な支援です。事業者・企業のさまざまな課題に応えます。営業店の担当が窓口になるのですが、その後ろ盾として、信金本部の法人営業部・経営サポート部・審査部はもちろん、外部機関と連携して、経営課題の解決や成長に向けての支援に取り組みます。

外部機関はさまざまで、商工会議所や公的な協会・機構、大学、自治体、ＪＥＴＲ

O（日本貿易振興機構）、コンサルタントや士業の専門家……と、あらゆるニーズに応える仕組みを整えています。

サポート・相談もさまざまですが、主だったものを挙げますと以下のようです。

○創業・新規事業……創業のためのスクール開講、事業計画策定支援、公的認定申請支援、など

○販路拡大……アジア諸国をメインに海外ビジネスサポート、商談機会を創り出すビジネスマッチング、など

○経営改善……企業診断をし、経営上の悩みや課題を共有し、経営が好循環する方策

○事業承継・M&A……現状の把握から、承継の方法・後継者の選定、事業承継計画づくりなどの立案・検討・実行まで

○ものづくり補助金……紹介、検討、実現

○地域貢献……この点は、次項で。

○「SDGs」と「総合サービス業」

以上の経営政策・経営計画を含めて、さらに地域の個人のお客様や事業主へ貢献す

べく、「ＳＤＧｓ」と「総合サービス業」を推進しています。

「ＳＤＧｓ」とは、Sustainable Development Goals の略で、「持続可能な開発目標」と訳されますが、具体的には、「全世界中で誰ひとり取り残さず、明るい社会を実現し、次の世代と未来に向けて誰もが希望を持てる世界にするために国際連合が定めた目標」です。浜松いわた信用金庫も「ＳＤＧｓ」を経営の根本に位置づける「ユニバーサルバリュー宣言」を公表しています。

地域金融機関だからこそ、国際的・社会的な目標を視野に入れて、地域におけるさまざまな取り組みを通じて、広く課題の解決に本気で貢献するとの意です。

「総合サービス業」とは、金融業務にとどまらず、人生や経営のパートナーとして地域の役に立ちたいとの思いで、めざすべきビジネスモデルを示しています。具体的には、本項で前述したとおりです。

04 〝やらまいか精神〟と地方創生

本章の最後に、「地方創生」を取り上げます。地域に根づく「小さくても強い会社」の経営にも深く関わるからです。

日本の社会状況として、過疎化、高齢化、人間関係の希薄化などがすすみ、また東京圏一極集中の流れがとどまらず、地方の衰退は顕著になってきています。高速道路や新幹線の整備で地方の活性化を図る反面、交通の利便さがかえって大都市圏への人の流入を生むジレンマもあります。

少子高齢化のすすみゆきも明らかで、団塊の世代が75歳超の後期高齢者になる「2025年問題」が取り沙汰され、2060年には人口が現在の3分の2ていどになる予測もされています。

2014（平成26）年11月、「まち・ひと・しごと創生法」が成立しました。少子高齢化の時代に対応するべく、とくに地方の人口減に歯止めをかけ、東京圏への過度な集中を是正し、地域社会を担う人材を育て、就業の機会を創出することを目的とするものです。

こうしたなかで、地方創生の課題は待ったなしです。課題克服のためには、「住民のニーズ」と「明確なビジョン」と「行政・民間企業・住民団体の協同」が必要ですが、残念ながら具体的な方策をとる自治体はそれほど多くありません。

浜松市周辺の地方創生への取り組みは先端的です。そして、その一翼を担い、あるいは中心になっているのが、浜松いわた信用金庫です。

信用金庫の存在価値の大きな要素に、地元の中小企業再生の可能性をさぐることがあります。資金調達の役割のみならず、個々の企業がフラットな形で連携するネットワークづくりにうってつけなのです。


では、浜松いわた信用金庫の具体的な活動とはどういうものでしょうか。

大きな道筋は、浜松市などの自治体と連携して、大学、公的機関やＮＰＯ法人、諸企業も含めた「産・学・官・金　連携事業」です。目的は、地域産業の活性化と雇用創出を図ることです。
○天竜材の需要を高め、建築関連産業の振興

○クラウドファンディングで、創業支援、産業活性化支援
○アメリカ・シリコンバレーのように、ベンチャー企業支援
○アウトバウンド（農産品、食品の輸出）、インバウンド（外国人観光客の誘致）
○企業ヒアリング

等々、金融機関として資金調達はもちろん、コンサルタント機能、コーディネート機能、プロデュース機能を発揮し、国の方策に沿って、あるいはそれを超えて、まさに〝やらまいか精神〟の具現化だと、わたしは評価しています。

「小さくても強い会社の経営者」のあなたも、経営の一策と地方創生という観点から、それぞれの地元の信用金庫との協同をご検討なさることをおすすめします。

村松貴通の現場リポート

本書の最後に、わたしの企業訪問リポートを3社お届けします。小社のホームページ（http://www.muramatsu-roumu.jp）に「現場リポート『笑顔の現場主義社労士・村松が行く！』」があり、そこからの抜粋です。

社労士事務所・人事コンサルティング会社としては全国有数の規模になったと自負していますが、わたしの根本は現場主義です。机上の空論に陥らないように、十分な調査・準備をしたうえで、いまでも年平均4社ていど経営の現場を訪問しています。経営者だけでなく従業員の方々のお話もうかがって、リポートに反映します。

わたし自身の勉強目的で始めたのですが、現場の実際的な労務管理手法を紹介する例が増えるにつれ、会社どうしのビジネスマッチング促進という面も注目されてきました。3社以外の例も、小社のホームページでぜひご覧ください。

1 リンクウィズ株式会社

業務内容	インテリジェントロボットシステム ソフトウェアの開発・販売・技術・ 技術コンサルティング
所 在 地	静岡県浜松市東区篠ケ瀬町 1044-2
電話番号	053-401-3450
ホームページ	http://linkwiz.co.jp
代表取締役	吹野豪 様

<会社概要>

2015名3月3名のエンジニアで創業。

ロボット自体が考え、動きを補正するソフトウェア「L-ROBOT」「L-QUALIFY」を開発し、単純作業を繰り返す従来のロボットイメージを一新。

さらに「世界に誇る優れた技術を持つ人を、ロボットでサポートすること」を第一義に、「日本のものづくり」に新たな価値観を生み出そうと邁進中。

シリコンバレーにいちばん近く、浜松市を代表するベンチャー企業の一つであるリンクウィズ様。吹野社長は金融機関主催のビジネスコンテストで最優秀賞を受賞されたり、東京でも浜松のベンチャー企業代表としてプレゼンされたりと、もともと有名な経営者ですが、社員が10名近くまで増えてきたこともあり、労務管理をきっちり整備していきたいとご相談をいただいたことが出会いのきっかけでした。

まずは就業規則の作成からスタートしましたが、当時からコンプライアンスに対する意識が非常に高いことに驚きました。いまだから言えることですが、開発・技術職という職種でしかもベンチャー企業なので、はじめからはなかなか労働法令の遵守はむずかしいだろうなと思っていました。

ところが、吹野社長は当時から労務管理に対して非常に意識が高く、労働時間の管理や残業手当の計算方法など労働法令遵守の必要性は当然理解されており、どのようにしたら社員がもっと働きやすい職場環境をつくることができるか真剣に考えられていたことを鮮明に記憶しています。

ベンチャー企業といえども、社会から認められ応援される企業は、はじめからコンプライアンス意識が高いことも条件になるのだなと実感しました。

わたしがいちばん勉強になったのは、吹野社長が「経営者にも社員にもいちばん大切なことは〝人間力〟だ！ そして、ロボット導入の本質は〝人材育成〟だ！」とおっしゃられていたことです。人間力がなければ、お客様のニーズにあったよい商品は作れない。お客様の利益にならなければ、会社の利益になる仕事でも受けない。そうした真っ直ぐな経営姿勢があります。

職場で困っている社員がいれば助けてあげる、思いやり・助け合いの精神。吹野社長が「いい意味でおせっかいも大事」と何度かおっしゃられていたことも大変参考になりました。

吹野社長に起業のきっかけを伺いました。浜松の先輩経営者に自分の想いを伝える機会があり、「応援してあげるから、まずやってみたらいいさ！」と、ビジョン実現を応戦してくれたとのこと。

人生は出会いが大切。一人の力では何もできない。先輩経営者たちから受けている恩を自分が社会へ返していきたい！ とおっしゃられていました。「浜松で開発したものを世界へ広げていきたい！ そしてそれが結果的に地方創生に貢献できるようになればもっと嬉しいよ！」

これらの想いこそが正しく〝やらまいか精神〟であると感じました。わたしは数年前に大学院で〝やらまいか精神〟とは何なのかを研究テーマにしましたが、明確な答えが出ずにおりました。しかし、リンクウィズ様の現場リポートで答えが見えた気がしています。「やらまいか企業」（やらまいか精神をもつ企業）がまた新たな「やらまいか企業」の誕生を支援していく。このような「やらまいか企業」は本当に素晴らしいと思います。

実は、吹野社長の実家は旧龍山村で、わたしの妻と同じです。また、わたしと同じで自営業の息子でもあります。吹野社長に対しては個人的にも親近感があり、応援したいという気持ちを強く感じます。わたし自身も経営者として〝やらまいか精神〟を持ち続けていきたいし、リンクウィズ様のような「やらまいか企業」のさらなる発展を全力で支援していきたいと考えています。

2 コーケン工業株式会社

業務内容	パイプ加工・切削・溶接・表面処理
所 在 地	静岡県磐田市飛平松 214-1
電話番号	0538-66-4151（代）
ホームページ	http://www.koken.jpn.com/
代表取締役会長	村松久範 様
代表取締役社長	飯尾祐次 様

＜会社概要＞
昭和 46 年創業のパイプ加工を中心とした専門メーカー

＜経営理念＞
全社員が物心ともに豊かに、健やかになる事を追求する。
雇用の継続に努め、地域社会の繁栄に貢献する。

＜経営方針＞
1. お客様起点
1. チームコーケンの幸せ
1. 取引先様との共存・共栄
1. 地域社会への貢献

静岡県が世界に誇る優良企業であるコーケン工業様は、「日本でいちばん大切にしたい会社大賞」の中小企業庁長官賞を授与された会社です。約３００名の社員のうち、なんと3分の1は60歳以上の正社員で構成されており、ダイバーシティ経営を実践されています。

金融機関から「お客様で働き方改革を推進したいという会社があり、相談にのってあげてほしい」とご紹介いただいたことが、弊社とコーケン工業様の出会いのきっかけでした。

コーケン工業様が求めるものは正しく厚生労働省が目指す最重要テーマである働き方改革に関するものでした。

はじめてコーケン工業様と面談させていただいたときには、働き方改革推進チーム約10名の方から鋭い質問をいただき、非常に真剣な様子が伝わってきたことを鮮明に覚えています。弊社は今まで多くの会社を訪問してきましたが、「この会社は違うぞ！」と肌で感じました。

普段お付き合いさせていただく中でも、会社全体として村松会長のお話のとおりのことを実践できている「プラチナホワイト企業」であると感じています。社員、社員の家族、取引先、地域社会に至るまで気づかい・心づかい・優しさをもって対応されています。

村松会長のお言葉でわたしがいちばん感動したことは「経営理念を煮込むと、『人を育てること』が残る」というものです。村松会長にいろいろ質問しましたが、最後には必ず「人」に行きつきます。経営資源には「人」「物」「金」「情報」があると言われますが、やはり最も重要な経営資源は「人」で間違いありません。

わたしもそれを信じて社会保険労務士を生業とし、16年間経営してきましたが、村松会長のお話から確信することができました。ブレずにひとつのことをやり続けることの大切さや、医者（ヤブ医者）と医師（本物）のお話もとても興味深いものでした。

スーパードクターの条件として、①運動神経がよい　②勘がよい　③人の話を聞ける　の3つがあるとのことです。わたし自身ももともと「スーパー社労士になるぞ！」と意思を固めて金融機関を退職し、25歳のときに起業しましたので、この3つのことも意識しながら、「労務管理で社員の成長と企業の発展をはかり社会に貢献する」という弊社の経営理念を実現するべく、真摯に取り組んでいきます。

村松会長いわく「いちばん人を大切にするのが飯尾社長だから社長に任命した」とのことです。村松会長と雰囲気は違いますが、飯尾社長も人に優しく紳士的で本当に素晴らしい方です。飯尾社長が率いるコーケン工業様ならば、これからどんな試練があろうとも、社員の強固なチーム力で乗り越えていくでしょう。

90歳の内野さんや70歳代の清川さん、土屋さんのお話も伺いましたが、皆さんが「趣味は仕事だよ。職場に来ることが楽しいよ」とおっしゃっていたことに大変驚きました！　経営者の趣味が仕事だというお話よく聞きますが、一般社員の方々から口を揃えて同じような意見がでる会社ははじめての経験です。このような会社を労務で支援させていただけることは弊社としても誇りであり、これからも全力でコーケン工業様を応援していきます。

3 株式会社こころ

業務内容　・外食事業・業態開発・店舗展開および運営・IT 事業
・外食クラウドサービス／飲食店専門メニュー翻訳サービス
・外食オムニチャンネル／静岡県6次産業ＥＣモール
所在地　静岡県浜松市中区砂山町 350
浜松駅南ビルディング 7F-A
電話番号　053-453-2655
ホームページ　https://www.cocoro-inc.net/
代表取締役 社長　渡邉一博 様
代表取締役 副社長　佐藤充晃 様

<会社概要>

2007 年、大手情報・通信企業勤務を経て、大学時代の同級生 2 名で開業。「人が幸せになること」を追求するために起業、その「企業目的」、根幹ポリシーは〈smile in your heart〉。「お客様のこころを満たし、従業員のこころを育てる、こころに笑顔を咲かせる」外食 IT 産業となることを希求している。
会社理念として挙げている、「企業志命」とは、「人と食のハブとなり価値の提供と笑顔を創造すること」。「企業価値」の要《かなめ》とするところは、近江商人道の「三方良し」、さらに「士魂商才」、「情と理」。これらは、創業者「精神」をよく顕している。

快進撃を続ける注目企業である株式会社こころ様。こころ様のことは当然わたしも存じ上げていましたが、働き方改革が求められるなか、まずは就業規則から見直していきたいとご相談いただいたことがお付き合いのきっかけです。

外食産業という業種は適正な労務管理が特にむずかしいのですが、社員の働きやすい環境づくりのために真剣に取り組まれる渡邉社長と佐藤副社長の姿勢は本当に素晴らしいものです。

学歴がすべてではありませんが、こころ様には静岡大学工学部卒の方など正社員の半数は大卒とのことです。アルバイトから会社の魅力に魅かれ、そのまま正社員入社する方も多くいます。

面接では直接渡邉社長や佐藤副社長が3時間にわたり、会社の想い・ビジョン等を本気で伝えているとのことです。そして、社員にやる気があれば、実力以上のレベルの高い仕事でもどんどん任せていく。「人の成長につれて会社も成長する。会社が潰れない程度の仕事ならば、社員にチャレンジさせてあげたい」という渡邉社長の言葉には重みがありました。

こころ様では、社員には外部に出ていっても通用するプロフェッショナルビジネスマンになってほしいという思いから人材価値を高める教育に力を注いでいます。経営層と社員との距離が近く、月1回の「心塾」で理念の浸透をはかっているのも特徴的です。

事業成長のスピードは車の運転と同じで、適度が良い。攻めは渡邉社長、守りは佐藤副社長と役割分担もバッチリとのこと。もともとは性格的に佐藤副社長も攻めのタイプとのことですが、渡邉社長の強みを活かすために意識的に立場を変えているそうです。共同代表者の経営組織で成功している事例はあまり多数はみかけませんが、こころ様の快進撃の裏側には、大学時代の同級生である渡邉社長と佐藤副社長がお互いの強みを意識した絶妙なコンビネーションがあることを感じました。

衝撃的だったのは、渡邉社長が「武士道」「大和魂」「士魂商才」というものを考え方の根底で非常に大切にしていることです。ただ単に、売上アップをはかり事業成長や海外進出を目的にするのではなく、あくまでもアイデンティティは日本人であり、日本の良さを世界に広げたい！　そしてビジネスで日本を強くしたい！　という熱い想いをひしひしと感じました。

お二人とも、学生時代に海外留学の経験があるとのことで、その中で強くそう感じるようになったそうです。いま、浜松市もベンチャー企業を増やし、地方創生の推進活動に取り組んでいますが、こころ様は浜松市行政と同じベクトルをもつ注目企業です。

こころ様が外食産業で静岡県初の上場企業になり、静岡県にはこんなに魅力的な企業、ホワイト企業があるんだと、日本全国、そして世界にまで知ってもらえるように、弊社はこれからも労務管理の分野で全力でこころ様を支援していきます。

あとがき

前著『35歳までに社長になる！　あきらめない自分の磨き方』発刊から7年ほど経ち、わたしも40代に突入しました。多くの読者の方々から励ましのお手紙や感謝のお手紙をいただきました。本当にありがとうございます。

あれからわたし自身、さまざまな経験を積み重ねることにより、さらに成長しております。続編を期待する声が多いため、このたび本書を出版させていただいた次第です。

38歳のときには、出身高の歴代OB・OGが集う全体同窓会代表幹事を務め、同高校OBとして静岡県出身者で初のノーベル賞受賞者である天野浩先生（現・名古屋大学教授）をお招きしました。当時、ノーベル表受賞後、初の静岡県内でのイベント出席でしたので、マスコミ等の各方面から注目度が非常に高く、大変な大役を経験させていただきました。

また、25歳からの起業経験の実績を認めてもらい、実務と会社経営のかたわら2年間、特別給付奨学生として母校の中央大学大学院戦略経営研究科に通い、40歳で戦略経営MBAを取得することができました。

そして、42歳の今年度は小学校PTA会長に選任され、まさにワーク・ライフ・バランス実践中です。

仕事の面では、平成28年度から浜松市が取り組む「浜松市ワーク・ライフ・バランス等推進事業所」認証制度では、審査基準をつくり、企業への現地調査もおこない、専門家の立場で事業の立ち上げを支援させていただきました。浜松市内で仕事や生活の場におけるあらゆる活動で、自らが希望するバランスで展開できる職場環境の整備やそれに対する取り組みをおこない、また、女性の活躍を推進している事業所に対して認証・表彰する素晴らしい制度です。

さらに、平成30年度に引き続き今年度も、文部科学省人材確保支援事業の実行委員に就任させていただき、地域と子供のために国や市の課題解決をサポートしています。

本書では、前著では書ききれなかった労務管理の実務的な内容や、新たに取り組んでいる「ホワイト企業認定審査」の内容までふんだんに盛り込むことができました。

そして、いちばん特徴的なのは、「浜松いわた信用金庫」の取り組みを入れたことです。ご存じのとおり、スズキ、ヤマハなど、浜松はものづくりが非常に盛んな都市です。浜松祭りでも有名でしょう。そのような浜松の活気を支えているのは〝やらまいか精神〟だと思い、大学院の卒業論文では「やらまいか企業」を研究していましたが、学術的に最後まできっちりまとめきることは困難でした。

そんな折に、浜松信用金庫と磐田信用金庫の合併話がニュースになり、「これだ！」と心が熱くなりました。

浜松市とその周辺の中小企業も後継者問題で悩んでいますが、信用金庫単独でM&Aを支援できるのは全国的にみてもきわめて珍しいようです。そして、せっかくM&Aをしても会社自体が魅力的でイノベーションを起こす力なければ、M&Aは成功しません。遠州地域にはそんな「やらまいか企業」がたくさん存在するのです。当然、「やらまいか企業」を支えている浜松いわた信用金庫も「やらまいか企業」です。

弊社も「やらまいか企業」として責任感とプライドをもち、労務管理で企業を元気にし続け、ホワイト企業の増加と企業ブランドの向上、そして地方創生に貢献できるように、全力で尽力していきます。

本書出版にあたり、中央大学名誉教授・弁護士の山田省三先生には推薦文をいただき、誠にありがとうございます。大変感謝申し上げます。山田先生はわたしが法学部の学生時代から20年以上にわたりご指導いただいている先生です。現場実務で発生する難解な事案に対して自信をもって対応することができるのは、山田先生の生のご指導のおかげです。

中央大学大学院戦略経営研究科　教授の露木恵美子先生には、大学院在籍中にゼミの指導教授として大変お世話になりました。業務多忙と地方通学ということもあり、なかなか研究に没頭することは難しかったですが、最後まで熱心にご指導いただき、ありがとうございました。山田先生と露木先生の生徒に対する面倒見の良さには本当に感謝申し上げます。

伏屋社会保険労務士事務所　所長の伏屋喜雄先生には、わたしが25歳でゼロから起業して以来、同業界の師匠として大変お世話になっております。伏屋先生は70歳で「旭日小綬章」を受章されました。身近にこのような信頼ある師匠がいることは大変心強いです。いつも本当にありがとうございます。

浜松いわた信用金庫　理事・人事部長の三輪久夫様には、本書執筆にあたり取材や資料提供等、快くご協力いただき誠にありがとうございます。わたしの中に「やらまいか精神」を植えつけるきっかけをくれたのは、浜松いわた信用金庫だと思っています。

わたしが今まで様々な経験を積むことができるきっかけをいただいた多くの中小企業の経営者と従業員のみなさまにも感謝申し上げます。本当にありがとうございます。正確できっちりした仕事をして、いつも事務所を明るく盛り立ててくれるスタッフのみなさんも、ありがとうございます。

そして、大学院に通った2年間、平日は仕事、土日は研究という生活を理解し、支えてくれた妻の紀子、病院のベッドでいつでもパパを応援してくれている長男、6年生の次男、4年生の長女、2年生の3男、家族みんなに感謝の気持ちを伝えて筆をおきたいと思います。

令和元年8月　夏休み中の書斎にて

村松貴通

＜著者プロフィール＞

村松 貴通（むらまつ たかみち）

1977年静岡県浜松市の「植木の街」浜北で植木屋の次男として生まれる。
社会保険労務士法人村松事務所代表社員／（株）浜松人事コンサルタント取締役。
浜松西高校卒業。中央大学法学部卒業（労働法専攻）。
地元金融機関勤務時代に人の問題で悩む経営者に触れ、「労務管理で社員を成長させる!」を胸に、25歳で社労士事務所を開業し、スーパーカブで飛込営業を年間1万件達成。今でも中小企業の経営者・管理者・従業員の生の現場実態、雰囲気、意見等を多数見聞し続ける現場主義社労士。その中で、「社員の成長なくして会社の発展はありえない」と実感する。村松の考えに共感する経営者から人事賃金制度、社員教育などの依頼が急増し、30歳で（株）浜松人事コンサルタント設立。38歳から2年間、実務の傍ら、中央大学大学院戦略経営研究科で研究を続け、40歳でMBA（経営学修士号）取得。
各種経営者団体・金融機関などで、労務管理セミナー講師を年間50回以上務める。メールマガジン「労務管理で社長を成長させる!」は経営者、経営幹部、総務担当者など約10,000名へ配信中。著書に「35歳までに社長になる!あきらめない自分の磨き方」（ごま書房新社）「その採用の仕方ではトラブルになる!従業員を採用するとき読む本」（あさ出版）がある。その他、専門誌執筆多数。人事労務系冊子を8冊執筆。
今まで静岡県から経営革新計画承認を5度受け、注目を集める。士業で経営革新5度認定は、全国オンリーワン。
1度目（2010年5月31日）『労務環境改善に特化した企業支援一貫サービスの導入』
2度目（2013年7月11日）『労働基準法で管理困難な業種に特化した新賃金体系の提案』
3度目（2013年9月24日）『社会保険労務士が精査した雇用環境優良企業による就職ガイダンスの開催』
4度目（2016年12月9日）『社会保険労務士による労務環境に関する評価を付加した求人専用WEBサイトの開設と運営』
5度目（2016年3月23日）『社会保険労務士による、会員向け労務情報提供等のサービス事業の展開』
マイナンバー制度開始後も顧問先が安心して業務を委託できる事務所づくりのために、2015年8月には県内士業事務所で初!『ISO 27001（ISMS）』認証取得。中小企業の人材採用を支援するため、2017年2月には日本初!社会保険労務士による『ホワイト企業診断』開発。このような村松事務所の社会的に価値ある先進的な取り組みは、新聞社やテレビ局各社から取材を受ける。
保有資格は、米国NLP協会認定マスタープラクティショナー／メンタルヘルス法務／ハーマンモデル認定ファィリテーター／ラーニングマップアドバイザー／運行管理者など。
趣味は、ゴルフ／子供と遊ぶこと／魚釣りを中心にアウトドア全般（学生時代に4級小型船舶操縦士免許取得）。
自身も従業員約25名の労務管理とワーク・ライフ・バランスを実践中。4児の父親として公私ともに奮闘中。

「小さくても強い会社」の社長になる!

著　　者	村松 貴通
発 行 者	池田 雅行
発 行 所	株式会社 ごま書房新社 〒101-0031 東京都千代田区東神田 1-5-5 マルキビル 7F TEL 03-3865-8641（代） FAX 03-3865-8643
カバーデザイン	（株）オセロ 大谷 浩之
D T P	ビーイング 田中 敏子
印刷・製本	倉敷印刷株式会社

ISBN978-4-341-08744-9　C0034

ごま書房新社の本

35歳までに社長になる!
あきらめない自分の磨き方

村松貴通

●CONTENTS

第1章　一万件のスーパーカブ飛び込み営業から分かったこと
第2章　会社経営は面白いぞ!
第3章　学生時代の過ごし方　サラリーマン時代にすべきこと
第4章　プライベートの言動でも経営に差が出る
リポート　〝笑顔の現場主義社労士〟村松貴通の現場リポート

本体価格：1500円　四六判　240頁　ISBN978-4-341-08519-3　C0034